Rural
E-Commerce Wars
再战农村电商

“互联网+”时代的下一个新战场

文丹枫 徐小波◎著

人 民 邮 电 出 版 社
北 京

图书在版编目（CIP）数据

再战农村电商 ：“互联网+”时代的下一个新战场 / 文丹枫，徐小波著. -- 北京 ：人民邮电出版社，2016.1(2018.8 重印)
ISBN 978-7-115-41046-7

Ⅰ. ①再… Ⅱ. ①文… ②徐… Ⅲ. ①农村－电子商务－研究－中国 Ⅳ. ①F713.36

中国版本图书馆CIP数据核字(2015)第277624号

内容提要

目前，国家层面正在加快发展农村电商。随着阿里、京东等电商巨头开始将眼光转向农村市场，买卖宝等立根于区县农村的企业，将面临着巨大的冲击，需要企业拓展出新的发展思路和模式。本书详细介绍了布局农村电商的方法，例如，如何利用“互联网+”重构农业全产业链，传统农业与电子商务如何融合与重构，农村电商快递产业如何搭建，如何在顶层设计+政策红利之下，开展农村电商创业等，希望为企业发展农村电商起到一定的启发作用。

本书适合各类企业营销经理、网络推广经理、企业营销总监、网站运营总监、各类电商运营经理、从事传统企业、近期想开展电商业务的大中小企业 CEO 及高管，以及对移动互联网感兴趣的读者和中小型创业者阅读。

◆ 著　　　文丹枫　徐小波
责任编辑　赵　娟
责任印制　彭志环
◆ 人民邮电出版社出版发行　　北京市丰台区成寿寺路 11 号
邮编　100164　　电子邮件　315@ptpress.com.cn
网址　http://www.ptpress.com.cn
北京虎彩文化传播有限公司印刷
◆ 开本：700×1000　1/16
印张：15.5　　2016 年 1 月第 1 版
字数：194 千字　　2018 年 8 月北京第 13 次印刷

定价：45.00 元

读者服务热线：(010)81055488　印装质量热线：(010)81055316
反盗版热线：(010)81055315

前言
PREFACE

2015 年 10 月 14 日，国务院总理李克强召开国务院常务会议，部署加快发展农村电商，使实体经济和互联网产生叠加效应。2015 年 11 月 9 日，国务院办公厅发布《关于促进农村电子商务加快发展的指导意见》，提出培育农村电子商务市场主体、扩大电子商务在农业农村的应用、改善农村电子商务发展环境三方面的重点任务，全面部署指导农村电子商务健康快速发展。

政策的利好，使得我国农村电商的发展被推向了一个新的高潮。

实际上，早在这一系列政策发布之前，阿里巴巴、京东、苏宁等几大电商巨头就已经意识到了农村电商领域所蕴含的巨大潜力，并加快了其电商下乡之路。

根据阿里巴巴研究院提供的数据：2014 年，中国农村网购市场的总量已经超过 1800 亿元，预计到 2016 年这一数字将有望突破 4600 亿元；而具体到某一细分领域，其市场前景也不容小觑，如农村消费电商、农产品电商、农资电商等都能够达到万亿元级别。

“互联网 +”在各个领域引发的风潮，使我们有理由相信：中国电子商务“黄金十年”过后，农村有望成为电子商务发展的新引擎、新希望！

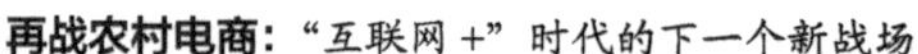

马云曾经在阿里巴巴的内部公开信中一再强调：阿里巴巴未来十年的发展将围绕三大重心——全球化、大数据和农村经济。实际上，就在 2014 年赴美上市之时，阿里巴巴已经明确提出了农村电商是其未来的重点发展方向之一，并于 2014 年 10 月启动了直指农村电商的"千县万村"计划：即在未来 3 ～ 5 年内投资 100 亿元，建立 1000 个县级服务中心和 10 万个村级服务站，将其电子商务的网络覆盖全国 1/3 的县及 1/6 的农村地区。

而根据阿里公布的数据：2015 年 10 月，阿里巴巴的"千县万村"计划已经与全国的 27 个省进行了对接，并在 5870 个村设立了淘宝点。

由此可见，阿里巴巴对农村电商的重视绝非说说而已。随着城市电子商务的发展已近饱和，市场竞争越来越激烈，要寻求新的增长点，就必须发展农村电商，走"农村包围城市"之路。

除阿里巴巴外，另一电商巨头京东也加速了农村市场的渠道下沉。通过县级服务中心与京东服务帮并行的策略，京东已经在全国 600 多个县设立了县级服务中心，并招募了超过 10 万个乡村合作点和推广员。不仅如此，随着农资市场已经达到万亿级别，2015 年 8 月 15 日，京东农资频道正式上线，成为我国首家自营农资产品的综合电商。

不过，与政策利好、巨头布局相对的是，目前我国农村电商的发展仍然存在很大的短板。比如，资金短缺、物流限制以及意识跟不上，而这给广大在农村电商领域摸索的从业者带来了极大困扰，尤其对刚刚加入的创业者来说，要找出进军农村电商之路、挑战传统的交易模式更是绝非易事。

本书正是写给希望对农村电商有更深入了解，并期待从万亿农村市场中获利的研究者以及从业者。

针对农村电商的特点，本书共划分为 7 个章节，其主题分别为：农村电商的现状及前景、农村电商涉及的商业模式、互联网巨头的农村电商布局、农村电商的物流问题、农产品电商、农资电商以及农村电商创业。

值得一提的是，为了帮助读者更好地理解我国农村电商的发展形势，本书罗列了很多具体的案例，但在案例之后都有相应的解读，这部分解读切不可忽视，因为它提示了你究竟该如何借鉴他人经验指导自己的实践，以避免再次踏入误区。另外，对一些资金实力相对薄弱、运营经验比较欠缺的创业者而言，在理解前六章节的基础上，可以重点参照第七章的内容，发现潜在的创业机会，获得以小搏大的可能。

2015 年 7 月，中国互联网络信息中心（CNNIC）发布的第 36 次《中国互联网络发展状况统计报告》显示：我国农村网民规模达 1.86 亿，与 2014 年底相比增加了 800 万，且仍有着巨大的转化空间。可以预见，随着互联网在农村的普及和网民的持续增长，农村电商将会成为“互联网 +”时代的电子商务新蓝海！

目录
PREFACE

Part 1

决战农村电商：

“互联网+”时代，电子商务的一个全新蓝海

 "黄金十年"过后，农村成为电子商务发展的新引擎、新希望

当前我国的经济社会生活呈现出明显的断裂趋向：一方面，广大的农村地区还保留着传统的生活生产方式；另一方面，城市地区电子商务的快速发展已经成为我国经济增长的新引擎。因此，通过发展农村电商带动广大农村地区的快速发展，逆转城乡二元分化不断扩大的趋势，成了政府解决"三农"问题的重要举措之一。

2014 年年底，国家财政部和商务部联合下发了《关于开展电子商务进农村综合示范的通知》，要求江苏等 8 个重点省份扩大电子商务在工业品下乡和农产品进城双向流通网络中的应用，实现线上与线下交易的融合。这一政策上的导向和支持，为互联网巨头布局农村电商提供了有利的条件。

同时，城市地区的电商市场已经进入了白热化的竞争阶段，且经过几年的急速发展，市场拓展空间也逐渐缩减。与此相反，农村可谓是当前电商发展的"真空地带"，有着十分广阔的市场发展空间；再加上近几年互联网，特别是移

动互联网在农村地区的广泛普及和渗透，更是为农村电商的发展提供了重要的入口支撑。

中国电子商务研究中心的数据显示，到2013年，农村地区手机上网的比重达97.6%，远高于城镇地区；2015年7月，中国互联网络信息中心（CNNIC）发布的第36次《中国互联网络发展状况统计报告》显示，我国农村网民规模达1.86亿人，与2014年年底相比增加了800万人，且仍有着巨大的转化空间。

因此，最近两年，各大互联网电商巨头纷纷开始将发展眼光转向农村这一蓝海市场。如果前几年电商企业在农村的涉足只是小打小闹的话，那么，2014年也许可以称为"农村电商发展元年"。这一年，"双11"的电商狂欢依然引人注目。不论是天猫、京东，还是亚马逊、当当，都毫无意外地捷报频传。与此同时，以这一年各大电商刷在农村墙面上的大幅广告为标志事件，互联网企业的农村电商布局和竞争也正式拉开了帷幕。

那么，农村这片古老而广阔的土地上，将会给电商企业带来怎样的惊喜？阿里、京东等电商巨头的布局，又将激发出农村怎样的活力呢？

✂ 蓝海：电子商务的新希望

（1）"流量红利"时代终结，电商发展面临瓶颈

过去10年是我国互联网高速发展普及的时期，促成了电子商务的迅猛崛起。那是一个电商发展的黄金时代，各大电商企业借助网络初期发展的流量红利，取得了不俗的发展成果。

一方面，互联网的普及让越来越多的普通消费者开始尝试网上购物，为电子商务的发展带来了海量的目标群体。根据CNNIC发布的第36次《中国互联网络发展状况统计报告》，截至2015年6月，我国网民规模达6.68亿人，互联

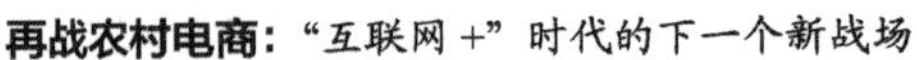

网普及率为48.8%。互联网逐渐渗透到社会生活的各个维度。

另一方面，电商不断突破行业边界，线上产品涵盖了从图书、3C家电、化妆品、服装鞋帽到日用百货、生鲜、生活服务等各个品类，这也促成了电商规模的爆发性增长。

然而，10年之后，互联网的"流量红利"已成为过去。今天的电商竞争日益白热化，电商市场发展逐渐趋于平稳。

一方面，普通消费者转化为网购用户的速度逐渐减慢。根据相关的统计数据，我国整体网民规模增速从2007年的53%持续放缓到2013年的9.5%，并且仍在持续减缓。另一方面，线上图书、3C家电、化妆品、服装鞋帽等核心品类的网购渗透率已经超过了20%甚至更多，依靠品类扩张实现高速增长的可能性大大降低。

虽然现在还不能说城市电商市场已经趋于饱和，但不论是从用户流量还是从产品品类的角度来看，城市电商的增长无疑是进入了"高原区"。也许，阿里、京东等电商巨头在未来几年依然能够保持着持续增长，但也不得不面临着各种扩张的困境。

（2）新流量、新引擎：农村成为电商发展的"新蓝海"

在"流量红利"消失的情况下，电商企业要获得持续的发展，显然要转变"流量为王"的思维模式，一方面要深入挖掘已有用户的价值，进行更加个性化、多元化、精细化的运作；另一方面，也是更为重要的，是积极在农村市场进行电商布局，让广大的农村地区成为电商新一轮高速发展的引擎。

长久以来，"以农养工""以乡养城"的政策导向，使我国的经济结构呈现出明显的城乡二元分裂状态。因此，解决"三农"问题，加快农村地区的经济发展，缓和城乡的二元分裂趋势，成为国家持续关注和推行的事情。特别是近几年，在国家的政策扶持和引导下，农村经济得以快速发展，互联网的普及率也在不断提升。

国家统计局的数据显示，截至 2013 年年底，我国农村人口有 6.3 亿人，占总人口的比例为 46.3%。同时，当前我国网民规模增长的主要驱动力转向农村地区，农村网民的占比持续上升。CNNIC 发布的第 36 次《中国互联网络发展状况统计报告》显示，我国农村网民规模达 1.86 亿人，与 2014 年年底相比增加了 800 万人。农村地区互联网普及率为仅为 30.1%，仍有着巨大的转化空间。

这些数据显示出了农村电商巨大的发展潜力。可以预见，随着互联网在农村的普及和网民的持续增长，电商发展将迎来新一轮的"红利"时代。特别是 2014 年 1 月，中央一号文件首次提出了要"加强农产品电子商务平台的建设"，为农村电商的发展奠定了政策基础。因此，对于电商企业来说，无论是政策导向，还是发展需要，电商下乡都是大势所趋。

✂下乡：电商企业的全新战争

其实，几年之前阿里就已经在农村地区进行了电商试水。只不过，不论是淘宝的"特色中国"项目，还是"淘宝村""淘宝县"的兴起，其更大的作用是为农村市场的特色产品提供一个互联网平台，把小生产与大市场对接起来，带动农村地区的经济发展。

根据阿里研究院的数据，2013 年仅在淘宝和天猫平台上，就有约 14 亿件的包裹发自县域，阿里平台上农产品的销售额也达到了 500 亿元。

因此，虽然几年之前阿里已经涉足农村电商，但主要是集中于农村的特色产品市场，而非消费市场的开拓。同时，像沙集、遂昌、义乌等成功的淘宝村模式，也大都是作为个案存在的，并没能发展成为一种流行趋势。

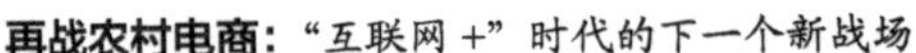

但是，不论怎样，阿里在农村电商领域的牛刀小试，无疑让其看到了农村市场发展的巨大潜力。阿里研究院发布的数据显示，过去3年农村网购消费市场的占比正在不断提升，从2012年第二季度的7.11%上升到了2014年第一季度的9.11%。虽然比例依然很低，但农村网购市场的发展潜力却十分巨大。

根据阿里研究院的预测，到2016年，农村网购规模将突破4600亿元，继续与已经平稳化的城市网购规模拉近距离。正如阿里CEO陆兆禧所言：如果通过良好的网络平台，将农村地区的6亿多人口有效连接起来，那就完全能够再造一个淘宝，甚至一个阿里。

正是把握了农村电商的巨大发展前景，阿里巴巴在2014年将布局农村电商列入了公司的顶层设计层面。该年9月，阿里在纽约证券交易所（New York Stock Exchange，NYSE）上市并募集了超过200亿美元资金，成为仅次于谷歌的全球第二大互联网公司。随后，阿里首次从战略层面将农村电商列为公司未来的三大发展方向（另外两个是大数据业务和跨境电商服务）：在继续让农村小生产对接大市场的同时，更加注重对农村电商消费市场的挖掘。

在阿里巴巴从顶层战略的层面开始加速布局农村电商之时，作为其强劲对手的另一电商巨头京东自然也不甘落后。在2013年年底，京东集团CEO刘强东就提出，渠道下沉是电商发展的新机遇和新方向。同阿里一样，京东也将农村电商作为集团未来发展的战略方向之一。

农村作为竞争日益激烈的电商领域中新的"蓝海市场"，已经引起了越来越多电商企业的关注。2014年8月，乐视食品电商平台"乐生活"上线，开始进军互联网农业；紧随其后，恒大集团也宣布了包括恒大有机大豆油等在内的首批粮油产品上市。唯品会、当当、亚马逊等电商企业也以相同或类似的方式开始业务下乡。

与通过渠道下沉布局农村电商形成鲜明对比的，是这样一类电商：它们成立之初就立足于农村市场和草根群体，并已经在这一领域中深耕多年。其中，以买卖宝最具代表性。

买卖宝成立于2006年，是一家专注于移动互联网的在线零售平台，致力于为草根人群提供物美价廉的商品和便捷高效的服务。在其他电商巨头忙于争夺一二线城市而无暇顾及区县、乡村的情况下，买卖宝创始人兼CEO张小玮，敏锐地把握了区县和乡村的市场发展潜力，将公司定位在服务于没有PC、只能通过手机上网的三低草根群体。

经过多年的摸索，在"扎根用户、传播公平、拥抱变化、认真务实"等核心价值的引导下，买卖宝从商品的选品、购物流程、支付以及服务等方面做到了与草根群体的消费习惯和消费心理的最大契合，也独享了区县和农村电商市场的红利。

当然，随着阿里、京东等电商巨头开始将眼光转向农村市场，买卖宝等立根于区县农村的企业，将面临巨大的冲击，需要企业拓展出新的发展思路和模式。

当前，我国大中城市的电商发展已经比较成熟，且日益与国际接轨，开始跨境电商的布局。与之相比，农村的电商发展还只是刚刚起步。无论是农村的互联网普及，还是电商物流网络的铺设，乃至农村生产消费方式的转变，都还需要时间的沉淀，也面临着诸多具体困境。

※障碍：新市场亟须新思路

（1）农村电商的发展困境：物流建设瓶颈与支付方式转变

"无物流，不电商"，这一命题在农村电商的发展中得到了最大程度的验证。

在当前纷纷扰扰的电商下乡过程中，企业面临的最大问题就是农村的基础设施缺失，其中尤以物流和支付体系方面最为突出。

在物流方面，当前几乎所有的快递公司都难以将触角延伸到村一级，物流成了企业发展农村电商普遍面临的难题。究其原因，一方面固然是由于以往国家的发展重心和政策倾向所致。但另一方面，相对于城市人口密集分布的特点，农村分散的人口布局也使电商企业无法按照城市的物流模式进行布局：一是配送成本会非常高；二是返程空载率也较高，进一步抬升了物流成本。

至于支付方面，一方面是农村金融网点的布局还很不完善，另一方面则是在线支付的模式对于很多人来说是完全陌生的。在农村这个古老而封闭的广大地区，很少有人具备在线支付的独立操作能力。而且，相对传统的思维模式也让他们对互联网运作保持着天然的戒心，需要时间来逐渐接受网银、支付宝或微信支付等在线模式。

（2）解决之道：探索农村电商的新模式

在农村电商的支付问题上，本质而言是一种消费意识和消费习惯的重塑，关键是培养农村人口的互联网思维模式。

近几年，随着以智能手机为终端的移动互联网在农村地区的快速普及，广大农民对互联网和电子商务已经不再漠视。同时，大批年轻的返乡务工人员将城市地区的线上生产和消费模式带到了农村，也在一定程度上推动了农村地区生产和消费方式的转变。当然，**农村互联网消费思维方式的培养需要长久的时间沉淀，也需要政策上的引导和企业的大力推动。**

农村电商模式的创新，更多地体现在企业的物流网络和全程供应链体系的布局上。正如上述提到的，完全按照城市的模式布局农村物流显然不太可能，企业需要根据农村自身的特点进行运营思路上的突破。特别是在一些关键的仓储和配送节点上，充分整合现有的乡村设施，如信息服务站、小卖部、小超市等，或许是一个更为可取的方式。

比如，阿里一方面通过注资日日顺、与邮政进行战略合作等方式，在全国铺设了一张家电及大件商品的仓储、物流、配送、安装一体的服务网络。另一方面，对于集团旗下的菜鸟网络，阿里也在不断扩大覆盖范围，努力打造一个遍布全国的开放式、社会化物流基础设施，最终实现任何地区都能 24 小时送达的网购服务。

另一电商巨头京东，则主要以自营的京东县级服务中心和合作的"京东帮"服务店为经营模式，覆盖农村电商的"最后一公里"。通过这两种模式的优势互补，京东商城的全业务得以无缝覆盖到全国县乡级农村市场，而京东也借此开创了农村电商业务的新形态。

总之，农村电商的发展是一个系统性、长时间的过程。不同的地域环境、发展水平、文化程度等因素，决定了农村电商并不是现有电商模式的简单复制，而是有着自身特有的内涵。这就需要电商企业真正研究农村地区的特殊情况，以及不同地区的差异，精确把握农村地区的消费习惯、消费心理、选择偏好等因素，以农村消费者可以接受的服务方式和水准实现渠道下沉。

另一方面，正如国家发展战略提出的"带动工业品下乡、促进农产品进城"，农村电商的发展是"一进一出"的生态循环系统，绝不只是挖掘农村的消费市场。只有以信息化带动农村工业化和产业化的发展，促进农村整体生产和消费方式的升级转型，才能在农村聚合起更多的财富，从而为电商下乡创造海量的目标群体。

"互联网 +"重构农业全产业链，开启近 10 万亿元规模的市场

随着李克强总理在政府工作报告中提出的"互联网 +"战略推动作用，互联网正在朝着传统行业不断拓展，催生了一批新型的综合性现代产业，"互联网 + 农业电商平台"便是其中的代表之一。

2015 年 2 月 1 日印发的中央一号文件中指出：为创新农产品流通方式，应该着力推进电商、物流、商贸、金融等企业参与涉农电子商务平台建设，使电子商务惠及农村并带动农村经济的发展。

互联网与传统行业的深度融合，要综合地考虑该行业的产业链结构、链条节点上的企业所扮演的角色及其盈利点所在，而这种融合之后催生的互联网平台如果无法超出现有传统商家们所能提供的服务，那么其存在也就没有多大的意义。农业产业链基本结构如图 1-1 所示。

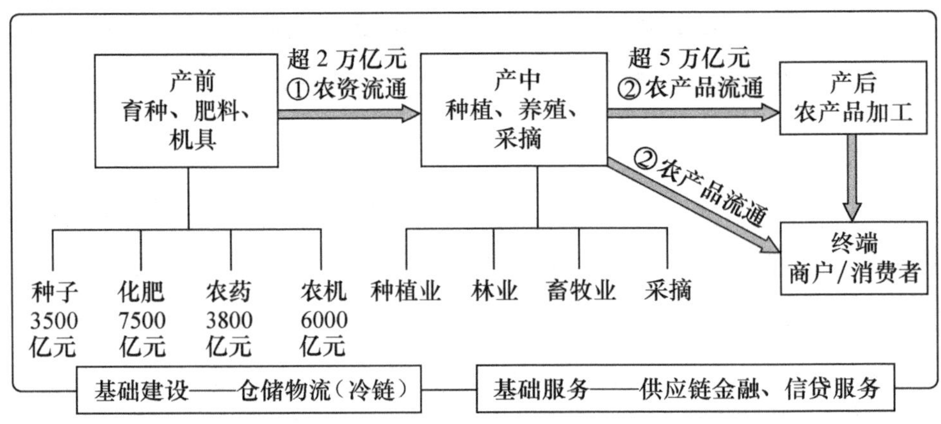

图 1-1　农业产业链基本结构

※B2B 农业电商平台

当下国内存在的 B2B 农业电商平台主要有 3 种。

（1）B2B 农资电商平台

农资行业的发展正面临黄金时期，主要的农资产品的市场规模多为千亿元级别。例如，种子市场大约有 3500 亿元，化肥 7500 亿元，农药 3800 亿元，农机与农具约有 6000 亿元。B2B 农资电商平台所要解决的是越过农资交易之中的县级、村级的分销商，为农户提供更为低价高质的产品及服务。

（2）B2B 农产品电商平台

早在 2013 年，我国的农产品市场交易规模已经突破 5 万亿元，而且这两年以来还在不断上升，交易过程中也存在着一些问题，如农产品质量、交易价格、仓储物流及金融服务等。而 B2B 农产品电商为这些问题的解决提供了一种途径，实现农产品的生产者与购买者之间的无缝对接。

（3）B2B 食材配送平台

2014 年，我国的食材采购交易总额达到了 8000 亿元，市场前景十分光明。但中小餐厅的问题是采购规模较小，导致价格较高、采购的人力投入及采购人员收受回扣、采购产品质量得不到保障等。B2B 食材配送平台的出现，将会通过自建物流仓储设施改善生鲜采购过程中的问题。

※农资产品贸易现状

农资产品贸易现状如图 1-2 所示。

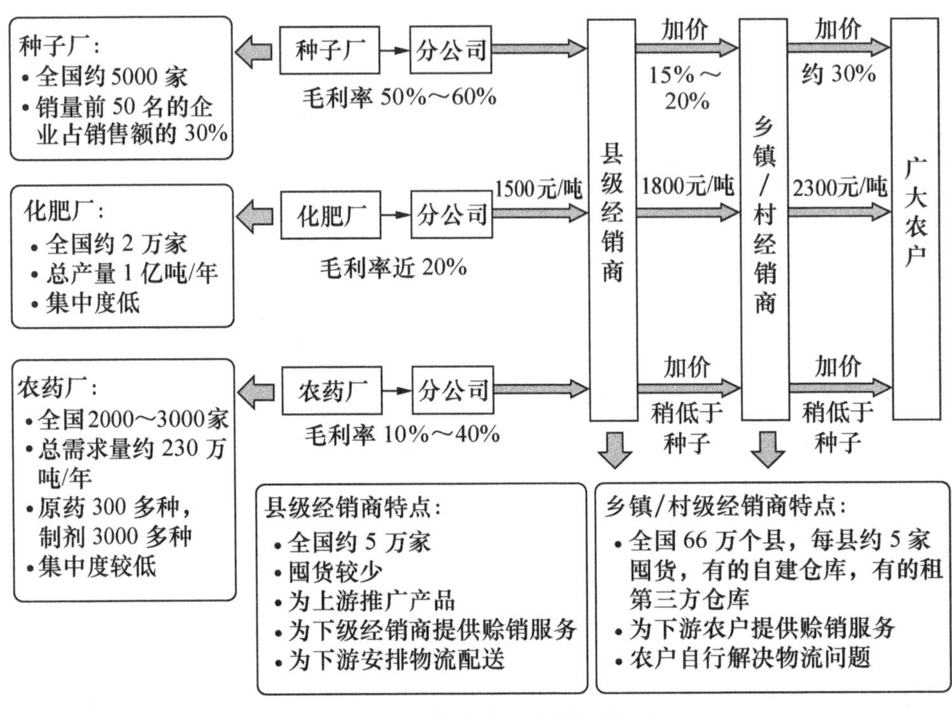

图1-2　农资产品贸易现状

农资电商市场现状分析如下。

农户情况：农户的网络普及率较低，对于上网有着巨大的需求，而且农村的人际关系更为亲密，抱团现象明显。

商品风险：种子、化肥、农药等存在一定的风险，如果出现售假情况，要承担巨大的损失。

仓储物流：基础设施尚不完善，"最后一公里"问题比较突出，大部分都是农户自行提货。

赊销需求：乡镇级的代理商通常会向农户提供赊销服务，而农资电商平台在初期很难做到这一点，这方面经销商的优势较为明显。

信贷需求：农业贷款国家在政策上予以鼓励，而且用户的资金缺口也较为明显，但是根据统计数据表明：一方面，国内当前的农村家庭信贷获批率仅有27.6%，这和国内平均的40.5%的比率相差很多。另一方面，农村贷款违约风险较高，即便是有房屋、土地等作为抵押物，欠款催收也很难实现。

（1）B2B2C农资综合电商平台——云农场

时间：2014年2月8日，全国第一家网上农资交易及高科技服务平台——云农场正式上线。

公司规模：截至2015年4月，云农场旗下有14家子公司，云农场已建立300多家县级服务中心、2万多家村级服务站。

模式：自营与商家入驻皆有，能够实现农户与农资生产厂商的直接交流，配有耕地测土配肥、农技咨询等服务，化肥、农药、种子、农具及农机等直接由生产商为农户供货，此外海外经销商的入驻可以实现海外购销服务。

用户规模：注册用户过百万户，覆盖山东、黑龙江、新疆、内蒙古、湖北等十多个省和自治区，服务土地面积超过3000万亩。

交易：2014年，云农场经营的农资产品多达2800个，直接减少了45%的农资交易中的加价环节。

金融：与华夏银行合作，直接为100多家农场主提供金融服务，农户可以实现在线贷款、还款等。

服务网络：一方面建设了提供农业生产全方位服务的300多家县级服务中心，并且得到当地政府的政策支持；另一方面建设最后100米物流服务站，提供代购服务，农户购买的商品直接运送到中心服务站，再由农户上门自提。

旗下产品：除基本功能以外还提供预付的农产品交易平台——丰收汇，P2P农村物流平台——乡间货的，可以实现实时互动功能的农机服务平台——农技

通，综合农业金融服务平台——云农宝，实现农业生产资料定制、机农产品定制的农业大数据定制。

（2）B2B2C 农资分销平台——农集网

时间：2015 年 3 月 31 日农集网正式开始公测。

创始人团队：来自诺普信旗下经营农资销售的标正公司。

经营范围：B2B 农资分销。

运营数据：公测日当天交易规模达到 1.5 亿元，订单量突破 1 万个。

模式：网站是实现农户与商家无缝对接的 B2B 交易平台，开发的 App 则是 B2C 的农户互动产品；线下通过建设区域运营中心、镇级体验中心、村级服务站等全方位服务农户。

物流：借助公司的渠道产品体系、物流配送能力及仓储建设，连接农资交易过程中的线上与线下。

分销：根据现有的农村市场，开展区域定价与分销定投结合的分销战略，结合特定区域的情况为农户提供产品交易、物流配送、专业指导等服务，逐渐形成一个良性运转的农村市场自运营生态系统。

发展战略：充分发挥互联网的优势，形成和手机 App 应用、PC 电商平台、金融 P2P 平台等交叉服务网络，构建一个农产品销售、农资交易、专家咨询、金融服务为一体的综合 O2O 服务平台。

（3）O2O 农业联盟——田田圈

时间：2015 年 5 月 11 日，在深圳中国首届农业互联网大会上，田田圈互联网联盟正式成立。

创始人团队：来自中国最大的制剂农药上市公司诺普信。

运营数据：截至 2015 年 6 月，田田圈互联网联盟拥有上百家业内高水平经销商、上万家高水平零售店，农资产品交易额超过 50 亿元。

业务及模式：田田圈意在打造一个涵盖上游农资生产商、中游零售经销商、下游用户消费者的 O2O 服务平台。田田圈为商家提供全方位的互联网综合服务。

++

★**资金支持**，商家可以获得田田圈提供的巨额资金作为运作资本；

★**技术培训**，专业的运营及管理方面的人才将会为商家做综合的指导与培训；

★**金融服务**，利用互联网金融推动商家们的企业规模不断发展壮大；

★**产品保障**，拥有国际知名品牌为支撑的农资产品为产品的质量提供充足的保障；

★**达人经济模式**，利用国内知名的种植业的达人，将产品推广到农户手中；

★**跨界生态**，农资产品的销售店将会引入手机及家用电器，实现跨界经营。

++

（4）农业互联网金融平台——农发贷

时间：2015 年 3 月 15 日，农发贷正式上线。

融资：诺普信投资 1750 万元获得 35% 的股权。

运营数据：2015 年 3 月 24 日，平台的注册用户突破 1 万人，截至 5 月 8 日，线上交易额已经超过 1 亿元。

业务模式：诺普信提供全额本息担保的 P2P 农业金融。

（5）土地流转综合资讯服务平台——土流网

时间：2009 年 3 月，伍勇率大学创业团队在成都创立土流网。

创始人团队：由伍勇组建的大学生创业团队。

业务区域：在我国大部分省份皆有业务，在美国及澳大利亚设有办事处，非洲及俄罗斯等地的业务也在拓展之中。

融资：2014 年 12 月，土流网宣布获得上海盛大投资 5000 万元，A 轮融资完成。土流网高层还表示 B 轮融资正在洽谈之中，预计规模将会达到上亿元。

运营数据：土地信息 22.7 万平方米，完成的交易有 6 万平方千米。其注册用户达到 74 万户，全国有 130 多家分公司，使农民获得了 4100 多万元信贷资金。土地交易信息达到 28 万条，完成交易的有 16 万条。在土流网的帮助下有 3 万多条土地流转交易直接达成。

业务和模式：土流网经过 6 年的快速发展，如今打造成了堪比土地流转领域的链家与 58 同城的结合体。为用户提供土地租赁、金融服务、土地评估、数据服务等，将土地的供需双方对接起来，有效优化和改善了土地资源配置。

旗下产品：土流网、土流金、土流通、土流学院及土流网地信网论坛等。

（6）更多的 B2B 农资电商平台（表 1-1）

表 1-1 部分 B2B 农资电商平台

平台	品类	成立时间	团队和融资	模式	运营数据
田头批	种苗、农产品	2005年年初上海成立	高老庄团队	研、产、供、销、孵化为一体的现代农业电子商务平台。自身有农业研发能力（如拇指西瓜），特点有特优种植、自产自销	26亩基地。一个合作联社一年的经营品种在80～90个，都是新奇特品种。26家合作社。预计今年合作联社的销售额同比翻番，达到近千万元
龙灯电商	农药	2014年4月18日平台上线	克胜集团	面向大农户、合作社提供会员制服务，提供大规格大包装产品	—

（续表）

平台	品类	成立时间	团队和融资	模式	运营数据
农一网	农药	2014年11月1日平台上线	辉丰股份、中国农药协会投资组建	B2B2C 在农村建立信息化服务站（县级工作站+乡镇服务专员+村级代购员）	2015年2月上线农药企业40余家，签约工作站700余家、村级代购员4000多人、注册会员超过10万户。Q1流水约3500万元。日单超100万元
植品汇	农药	2015年5月15日平台上线	《农资与市场》杂志与4家涉农企业共建；由九鼎投资投资	农资众筹平台，整合下游农户需求统一向上游定制产品获得议价权；并为农业大户提供植保服务、代打农业服务	截至5月25日，已有727个客户购买
点豆	化肥种子农药农机农副产品	2015年5月22日上线	—	"一村一站"。农村商品输入、农村商品输出、农村物流、农村金融等农业产业链的整合	

（7）上市公司的"互联网 + 农业"布局（表 1-2）

表 1-2　上市公司的"互联网 + 农业"布局

公司	主营	"互联网+农业"布局
阿里	—	拟以100亿元建立一村一淘宝
京东、苏宁电商、乐视等互联网巨头也纷纷布局互联网农业		
大北农	饲料、种子	农信云、农信商城、农信金融及智农通
新希望	饲料	发布"希望金融"（农业金融），2015年4月上线，日交易额超200万元
金正大	缓控释肥	计划以自有20亿元构架农资商城
农产品	大宗农产品交易农产品	已初步构建全国性农产品交易及物流服务平台

（续表）

公司	主营	"互联网+农业"布局
和邦股份	化工产品、肥料	计拟斥资2亿元，建电商平台，提供农技指导、农产引导、金融和保险
云天化	化工	建立整合产品、渠道、农户、农化服务的化肥综合解决方案提供商
芭田股份	化肥	收购金禾天成获得种植大数据
鲁西化工	复合肥、尿素	建立线上鲁西商城
人和商业	商圈运营	收购农产品市场运营商寿光地利，打造农产品电子商务交易平台
联想控股	投资	2013年推出佳沃品牌强势务农，2015年千万美元战略投资"云农场"
恒大	地产综合	2014年投资近70亿元打造恒大粮油、恒大乳业、恒大畜牧
金新农、雏鹰农牧、唐人神等均开展了互联网业务		

✂ 农产品贸易现状

2013 年，我国的农产品交易额已经突破 5 万亿元。2014 年国内的食材采购交易额为 8000 亿元。

（1）B2B 农产品电商市场环境特点（图 1-3）

++

★商家：经营农产品贸易的商家 70% 为个体经营，30% 为企业经营；而且产品的价格和种类、购买数量、合作关系等挂钩，交易价格极不透明。

★物流：仓储设施亟须完善，农产品交易过程中的产品损耗率达到 20% ～ 30%。5000 平方米的仓库租金成本大约为 150 万元，大部分的商家使用自己的货车进送货，普通的一车货的价值为 5000 ～ 10000 元，一车货大概可满足 10 ～ 15 家的餐厅需求。

★**金融**：目前的一级、二级经销市场都能够对下游提供赊销服务，普遍为按月结账，而互联网平台则基本无此项服务。农产品的产地经纪人有10万～50万元的季节性融资缺口，区域经销商有50万～200万元的融资缺口，国家对于农业的商家贷款方面一直是予以大力支持，但是由于缺乏实物财产抵押，这些经销商很难得到金融机构的资金支持。

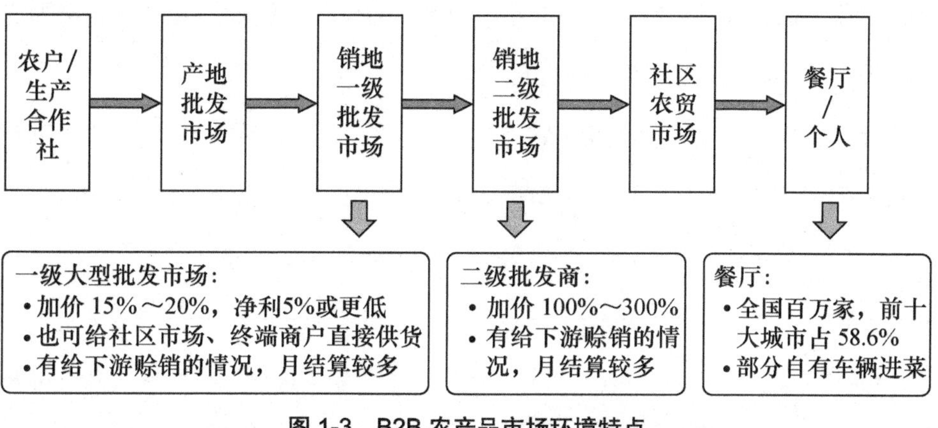

图1-3 B2B农产品市场环境特点

++

★ B2B农产品电商平台——一亩田

时间：2011年9月，为响应《全国农业农村信息化发展"十二五"规划》成立了电商平台，2014年8月推出线上大宗农产品贸易订单系统。

创始人团队：企业CEO邓锦宏，后厨网的创始人刘志嘉。

业务区域：截至2015年7月，已经在国内的29个省将近1927个县市开通了业务服务。

融资：2013年年底获得红杉资本投资数百万美元，2014年7月又获得广信资本、红杉资本的B轮2000万美元的投资。

运营数据：据公布的数据来看，2015年7月，活跃的大宗采购商有22万多

个，供应商 210 万家，涉及国内产地 1.3 亿农民。产品的品种达 1.2 万种，每天产生 30 多万条信息，有效解决滞销事件 60 多起，日均交易额达 2.5 亿元。

业务及模式：农产品价格信息、农产品采购方与供给方对接、商家信用评估等服务。

物流：一种是单次批配，由货主发布发货信息，车主提交发车信息；另一种是物流专线，第三方物流机构提供物流专线运输，截至 2015 年 7 月，全国的专线约有 650 条。当前还缺乏保险及审核机制。

金融服务：当前与邮政储蓄银行共同开发的供应链金融服务，能为大宗商品的交易提供短期（3 ～ 7 天）贷款服务，与其他银行的合作还处于洽谈之中。未来还将发展基于交易记录、生产情况的信用评价体系，为农业生产商提供金融服务。

战略合作：2015 年 5 月 18 日，一亩田与新希望集团旗下新希望六和股份有限公司展开合作，双方将共建“互联网 + 产业链”的协作新模式。

规划：交易额未达到 1 万亿元以前，一亩田选择不赢利，希望能够在形成规模后创新农业市场规则，制定农产品流通领域新秩序。

★ B2B 农产品电商平台——惠农网

时间：2013 年 9 月 1 日正式成立。

团队：农业部、中科院、湖南惠农科技有限公司共同打造。

业务范围：种类齐全的农产品以及相配套的农资等。

运营数据：在政府的帮助下，整合了 30 万线下会员。

业务及模式：农产品及农资交易，提供物流服务、信息服务，整合线上及线下上下游资源，构建农资众筹电商平台。

资源：包括袁隆平在内的几十位农业专家。

★ B2B 农产品电商平台——绿谷网

时间：2013 年上线。

创始人团队：蓝特集团旗下两湖绿谷物流有限公司创立，投资规模将近 4000 万元。

业务范围：经营农产品交易为主，还附带少量的农资产品。

运营数据：12000 多个大品类农产品，可满足消费者一站式采购。

业务及模式：以用户流量发展上下游产业链，农产品种植基地、农产品加工企业、合作社等为产业链上游要发展的重点，大型农产品批发市场、连锁超市、电商平台分销商等是下游发展的重点。争取将绿谷网打造成集农产品交易、信息发布、市场运营、物流配送、技术研发为一体的综合性农产品平台。

（2）B2B 食材供应平台现状及特点

B2B 食材供应平台的主要服务对象为下游的餐厅，依靠整合多家餐厅的订单来获得采购的议价权，并为下游餐厅提供物流配送服务。国内目前的这类平台有美菜、链农、大厨网、小农女、菜筐子等，平台数量众多，竞争激烈而且存在着较为严重的刷单现象。

++

★**商品的特点：**质量难以把控，价格不透明。

★**餐厅特点：**规模较小的餐厅采购量小，无议价权，采购要投入人力及运输车辆等，成本较高，采购人员中时常发生索要回扣现象，信息化程度较低。

★**配送：**多为夫妻店经营，自备货车用于运输，每天可为 7 ～ 8 家餐厅提供服务，能够为餐厅提供赊销服务，月平均毛利 1 万～ 3 万元。

★**解决方案：**每天 12 点之前整合上千家餐厅的订单，经由平台采购员在经销商处购买，再配送至物流网点，凌晨 4 ～ 6 点由配送人员开始配送至各餐厅。

★仓储物流：为上千家餐厅送货，需要5000平方米以上的仓库，一辆金杯车可满足10～15家餐厅需求，一车货的价值在5000～10000元。

★退换货：餐厅退换货，平台会协助补充货物，这能有效减少餐厅的流失率。

★赊销服务：B2B食材配送平台，目前尚未提供赊销服务，传统的经销商会提供此项服务。

++

★美菜

成立时间：2014年6月底，美菜网正式上线。

团队成员：窝窝团创业团队的二次创业，"火星男+中科大天才少年+各行业精英"豪华阵容全力打造。

融资：2014年8月，天使轮得到真格基金投资的1000万元。2014年11月，获得蓝湖资本投资的数百万美元A轮投资。2015年2月获得顺为基金、蓝湖资本投资的数千万美元B轮投资。

运营数据：目前用户有1000万家以上的餐厅，美菜网成为国内最大的移动农产品电商平台。

★链农

时间：2014年6月正式成立。

团队：现有超过200人的团队，其中60%为采购及配送人员。

目标客户：抓B端，为中小餐厅提供原材料配送服务。

融资情况：2014年9月，种子期获得姚劲波投资的数百万元。2014年10月，天使轮获得K2VC（险峰华兴）投资的100万美元。2014年11月，A轮获得红杉资本投资800万美元。2015年6月，B轮大众点评与红杉资本共同投资3000万美元。

运营数据：成立仅半年的时间交易额突破亿元。商家 70% 为个体经营者，其余 30% 为小企业。2014 年 9 月，链农客户数达到 100 多家，客户回购率 95% 以上，日流水在 5 万～ 6 万元。

★大厨网

时间：2014 年 3 月正式成立。

业务范围：覆盖北京、上海在内的多个城市。

融资：2015 年 2 月获得 1500 万美元的投资。

运营数据：目前有 5 万多家餐厅与大厨网有合作关系，优质的产品使得餐厅的客单价提升了 80%，网站的退货率控制在 6% 以下。

★小农女

时间：2013 年 5 月正式成立，开始时走的是 B2C 路线，但因成本过高不得不放弃。2014 年 9 月由 B2C 转向 B2B+B2C 模式，如今已经实现 B2B 的转型。

团队成员：杨威，曾在腾讯、1 号店任职，有 7 年的电商经验，现任小农女 CEO 一职。陈楠，英国剑桥大学数学系毕业，在摩根士丹利工作了 3 年，现任小农女副总裁一职。

融资：2015 年 1 月，天使投资 1000 万元。2015 年 6 月转型完成后的小农女获得 A 轮 8000 万元投资。

★更多 B2B 食材配送品牌（表 1–3）

表 1-3　B2B 食材配送品牌

平台	成立时间	团队和融资	模式和运营数据
鲜供社	2014年1月	2015年3月获天使数百万元投资创业工场、晨兴创投	截至2015年3月，团队共约30人
饭店联盟	2014年8月	2014年12月获天使千万元投资中路资本	B2B食材配送，自建直采团队、专业配送团队

（续表）

平台	成立时间	团队和融资	模式和运营数据
菜篮子	2014年12月	海口市团队	B2B食材供应链交易平台，整合合数千家农产品供应商和大中型餐饮企业
优配良品	2015年3月	创始人史庆东曾就职阿里；2015年4月获天使1千万元投资	B2B食材配送，产地直供、自建物流

 刷墙宣传VS生态构建：电商企业的"农村包围城市"之路

++

让我们先来看几组数据；2013年我国农村网民为1.77亿人，占网络人数的28.6%；到了2015年6月，农村网民规模达到了1.86亿人，占比为30.1%，且规模仍在持续增长。其中，智能手机成为农村网民的主要上网入口，比例高达84.6%，比城镇高出了5%。在网购方面，2014年农村网购市场规模为1800亿元，预计2016年将突破4600亿元。另外，农村网民呈现出年轻化的特点，网购的接受率超过了80%。

++

从上面的数据可以得出下面两点：**一是移动互联网在农村的普及率不断提高，我国农村的网民规模持续增长；二是农村网民多为年轻群体，对网购等电子商务形式的接受度比较高，成为电商发展的新"蓝海"。**

因此，在一二线城市的电商竞争日益白热化、可开拓空间逐渐缩小的情况下，渠道下沉成为了各大电商企业的最佳选择。事实也正是如此。早在几年之前，

一些有战略眼光的企业就已经将业务触角延伸到了三四线城市中。至 2014 年，各大电商企业纷纷将眼光转向了农村电商领域，并进行了一系列的布局。

✕ 进村刷墙宣传，推广品牌影响力

在农村电商这片新"蓝海"的诱惑下，各大电商巨头动作频出，圈地不断。其中，最具标志性的事件就是"刷墙潮"。多年未见的"标语体"又走入了人们的视线。不论是京东的口号"发家致富靠劳动，勤俭持家靠京东"，还是阿里的标语"生活要想好，赶紧上淘宝"，或是苏宁火药味十足的宣传"当心花钱淘假货，正品省钱来苏宁"。这些电商巨头在 2014 年年初的集体下乡，确实引起了人们的广泛关注，也标志着农村电商真正进入了"起航元年"。

以京东为例，据统计，从 2013 年第三季度到 2014 年 3 月，京东在全国 100 多个乡镇刷了 8000 多幅墙体广告，当前则超过万幅。这些大规模的宣传标语，扩大了京东的品牌知名度和影响力。2013 年，京东购买了 3 辆大篷车，分三条线路对 100 多个城镇进行宣传。2014 年 6 月 27 日，京东更是启动了"大篷车百城行"活动，以"购简单、够快乐"为口号，用半年时间走进全国 100 多个城市，举办 150 多场体验式巡展。这些活动增强了人们对京东品牌的认同感，实现了渠道下沉的战略提速。

其实，不论是墙体广告，还是大篷车活动，都只是电商巨头涉足农村市场的外在表象。其背后反映的是围绕农村电商市场配套服务的布局竞争。

✕ 布局物流网络，完善农村配送体系

"无物流，不电商"。不同于一二线城市发达完善的物流网络，农村是当前各大物流公司和电商企业的盲区，配送难成为农村电商发展的首要问题。因此，

电商企业要想成功下沉至农村，就必须布局农村物流网络，完善配送体系。

（1）京东：先锋站计划和"京东帮"服务店

★先锋站计划：自营模式完善配送网络

与其他电商企业相比，自建物流和自营配送一直是京东的最大优势。为了加速渠道下沉，在农村电商竞争中占据先机，京东在2014年年初提出了先锋站计划，以进一步拓展企业的自营配送体系。

具体来讲，就是选拔京东配送系统内的员工，进行集中的业务、管理方面的培训，让其独立负责一个区县的配送工作。在政策、资金等条件的支持下，这些配送站员工既填补了空白区县的配送和销售工作，也承担着上门取件、换新、货到付款等一系列增值服务。

当先锋站的业务量达到一定规模后，就会被调整为自营站，业务模式与普通站点无异。因此，先锋站模式是京东布局农村物流的桥头堡和先行军，使其得以将自营配送体系覆盖到以往的市场盲点和偏远区县及村镇。

★"京东帮"服务店：合作模式布局"最后一公里"

农村地区的人口密度远低于城市，这抬高了物流成本，也让很多物流系统难以将触角延伸到农村。特别是在四线以下的区县城市和乡村中，大家电"最后一公里"配送系统的缺失，成为电商下乡急需解决的问题。

为此，京东推出了"京东帮"服务店，面向乡镇提供大家电一站式服务，即针对区县乡镇等4～6级市场在大家电产品的物流、安装和维修上的独特需求，依托厂家授权的安装网络及社会化维修站资源的本地化优势，通过口碑传播、品牌宣传、会员发展、乡村推广、代客下单等形式，为消费者提供配送、安装、维修、保养、置换等家电一站式服务解决方案。

"京东帮"服务店与京东之间属于合作关系，承载的是京东自营家电业务，其核心是基于京东商城的线上平台优势，通过合作运作的模式，建立起线下的配送、安装、维修、置换等服务体系，以帮助京东解决渠道下沉后的配送和安装问题，推动京东从城市市场向乡村市场的顺利落地。

总之，自营模式的先锋站计划与合作模式的"京东帮"服务店，准确击中了农村电商服务的痛点，成为京东农村电商战略的关键。而通过自营与合作两种优势互补的创新经营模式，京东也实现了农村电商的"最后一公里"布局，开创了农村电商业务的新形态。

（2）阿里：借助菜鸟网络，进行多方合作

虽然没有像京东那样自建物流体系，但 2013 年 5 月，阿里联合众多伙伴一起成立了专门的物流网络公司菜鸟网络。因此，菜鸟也就成了阿里下乡后物流"最后一公里"的保障。

具体来讲，菜鸟将依托于阿里集团的农村淘宝，通过同上海万象等数十家落地配送公司、中国邮政等合作伙伴的社会化协同，快速形成覆盖区县乡村的物流服务能力，推动阿里电商业务的顺利下沉。按照阿里的战略规划，菜鸟网络的最终目标是，形成一个可以覆盖全国的物流骨干网络，做到"全国任何一个地区都能实现 24 小时网购送达"。

农村作为物流网络的盲区，大家电的配送安装成为农村电商的痛点之一。为此，阿里在 2014 年 7 月启动渠道下沉战略之后，借助菜鸟平台的物流标准化服务，推出了覆盖 2600 多个区县、50 多万个乡村的大家电直达入户服务。另外，作为阿里大家电重要合作伙伴的日日顺，也已经可以送到 2800 多个区县。

借助于范围不断扩大的菜鸟网络，以及与邮政等多个伙伴的战略合作，阿里也在积极布局农村物流的"最后一公里"，以推动渠道下沉的顺利进行，实现李克强总理期望的"村里人也应该与城里人享受同样的服务"。

（3）苏宁：推进物流建设，升级维修点为乡村服务站

★物流建设不断加强

为突破农村物流瓶颈，苏宁不断加强物流系统建设。比如，目前苏宁已经在14个大区完成了22条省内干线的物流专项建设，并在这些物流主干线上设立自营服务站，以保证物流服务可以覆盖到区县、乡镇等3～6级市场。

此外，经过近10年的规划布局，苏宁的"物流云"项目已接近完成，预计到2015年将建成12个自动化分拣中心、60个区域物流中心、300多个城市分拨中心，以及5000个社区配送站，物流网络将辐射到全国2800多个县级以上地区。同时，为配合企业渠道下沉的发展战略，这些网络的覆盖区域将通过服务站的方式延伸到区县和乡村。

★乡村服务站延伸物流网络

为了完善农村物流配送体系，实现企业渠道的顺利下沉，2014年起，苏宁把各地原有的200家乡镇售后维修点升级为新式乡村服务站，提供销售、物流、售后、客服等服务。至2014年年底，全国已有1000多家这种多种功能于一体的苏宁易购服务站。根据苏宁的规划，未来5年内，苏宁易购服务站的数量将超过10000家，覆盖全国1/4的乡镇，彻底打通农村电商的"最后一公里"。

通过站点自营升级与合作加盟两种模式，苏宁得以将物流网络延伸到偏远的乡村地区，完善了农村电商的配送体系，也得以将O2O的电商模式顺利下沉到农村市场。

从京东、阿里、苏宁这些电商巨头在农村"最后一公里"的布局可以看出，农村的物流网络建设绝不只是简单的"快递"送达服务。作为一个与城市有着巨大差异的电商新"蓝海"，农村的物流布局需要企业根据具体情况，积极整合各种可利用的资源，不断拓宽触角，完善基础设施建设，以满足渠道下沉的物流配送和服务需求。

✕建设自营服务中心，培养村民网购习惯

物流布局只是农村电商的渠道保证，要想真正挖掘出农村巨大的消费潜力，还必须通过各种手段转变传统的消费意识，培养村民网购的消费习惯。因为对于封闭落后的广大农村来说，网购仍然是一个相对陌生的"新事物"，农村的网民也很少具有独立的网购和在线支付能力。

因此，不论是京东的县级服务中心，还是阿里的"千县万村"计划，或者苏宁的自营服务站，它们的一个重要功能就是利用线下的实体服务，培养起村民的网购意识和习惯，以不断拓展电商市场的目标群体。

（1）京东：推出县级服务中心，招募农村推广员

通过对各地原有的配送站进行升级改造，京东推出了自主经营的县级服务中心。这是京东针对 4 ～ 6 级市场，打造的集市场营销、物流配送、客户体验和产品展示于一体的京东服务旗舰店，可为客户提供代下单、配送、展示等服务。另外，服务中心还负责招募培训乡村推广员，以在农村中培养网购意识。

根据规划，2015 年京东的县级服务中心将新建 500 多家，并招募数万名乡村推广员。通过"一县一中心"网络体系的建设，京东可以为农民提供各种服务，实现了"工业品进村、农产品进城"，推进了城乡的消费公平。

正如京东集团副总裁王志军所言："服务中心不仅仅是物流末梢的延伸。通过乡村推广员，京东还将为农村消费者提供营销服务、售后服务，以及小额信贷、农村白条等金融服务。京东希望把正品低价的品牌形象传递到广大农村，让农村的老百姓也能跟城里人一样以优惠的价格买到可靠的商品。"

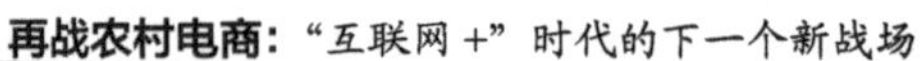

（2）阿里：部署千县万村计划，推动农村线下服务实体

★县级运营中心和村级服务站

与京东一样，阿里也在积极布局区县乡镇市场的电商网络。2014 年 10 月 13 日，首届浙江县域电商峰会上，阿里宣布正式启动"千县万村"计划：在 3 ～ 5 年内投资 100 亿元，建立 1000 个县级运营中心和 10 万个村级服务站，最终目标是将集团的电商网络覆盖到全国 1/3 的县和 1/6 的农村地区。

阿里集团 COO 张勇指出了农村工作重心的 4 个要点：投资基础、激活生态、创新服务、创造价值。千县万村的服务站将在此过程中起到抛砖引玉、穿针引线的作用，引导和激发广大农村迸发出更大的活力。2014 年 10 月 30 日，"千县万村"计划首个县级运营中心在桐庐启动，第一个村级服务站也在桐庐县富春江镇金家村正式运营。

其中，村级服务站主要是配合阿里早已推行的淘宝村业务，提供网上代买、代卖、缴费、创业培育和本地生活 5 个方面的服务。

★线下农村淘宝店，培养村民网购习惯

阿里以往就针对农村的市场需求，通过线上的"农村淘宝"，为村民提供农业商品、农资农具和日常用品等服务。只是，互联网和网购对多数村民来说，还是比较陌生和新鲜的事物。仅靠线上平台的推广，还无法挖掘出农村的网购市场。

因此，阿里推出了线下农村淘宝店，以培养村民的网购习惯。具体而言，就是阿里提供资金和技术支持，为农村淘宝店配置网络和计算机，并对淘宝店主进行网购等相关方面的培训，以便让他们为村民提供更好的网购服务，培养村民的网购意识。

通过这种线下实体服务，阿里一方面有效解决了农村网络不便、缺少设施以及村民不懂网购等具体困难，在方便村民的同时又塑造了他们的网购习惯。另一方面，线下农村淘宝店也成为阿里渠道下沉的模式之一，促成了阿里电商从城市向农村的顺利落地。

（3）苏宁：自营服务站，培养村民消费习惯

农村电商虽然规模巨大，但低密度的人口分布导致了市场太过分散，城市连锁店模式，很难取得较高的市场效益。相较而言，点状分布的服务站则因其灵活性，往往更适宜在农村市场中发展。因此，2014 年，苏宁把国内的 200 家乡镇售后维修点升级为新式乡村服务站，并提供销售、物流、售后、客服等服务。

同时，除了这些改造升级的乡村服务站，苏宁还在全国各地积极建立自营服务站。到 2014 年年底，苏宁已经拥有了覆盖全国 20 多个省市的 1000 多家门店，促成了渠道下沉的战略提速。除了提供实体商品之外，这些服务站还重点打造二维码、平板电脑、视频演示的虚拟等服务，以培养村民的网购习惯，帮助他们利用电子商务改变现有的生活和生产方式。

进军农村金融市场，解决农民信贷难题

电商发展与互联网金融服务是相辅相成的。一方面，电商的发展离不开互联网金融服务的支持；另一方面，电商的流量数据也正是金融服务关注的核心内容之一。对于农村电商来说，除了上述的物流短板、消费习惯之外，金融服务的缺位也是制约电商渠道下沉的重要因素。

其实，农村的金融服务还是有着很大的市场潜力的，主要是银行等传统金融机构，由于本身的运营体制和利润微薄等因素，往往不愿意涉足农村金融业务。对于电商企业来说，开拓农村金融市场是渠道下沉战略的必然要求。同时，农

村金融市场的需求以及金融服务的缺失，也为电商进军农村金融提供了十分有利的条件。

（1）京东：联手格莱珉，开拓农村金融市场

2014年12月17日，京东旗下的众筹事业部宣布与"小贷之父"尤努斯的格莱珉公司进行战略合作，以利用其独特的小额贷款模式，推动京东的渠道下沉，共同开拓农村金融市场。具体而言，主要是针对当前农村金融服务面临的各种问题，由京东金融小贷部门、配送部门和格莱珉共同为农民提供金融合作解决方案，拓展农村的金融服务领域。

例如，民间借贷在农村十分普遍。然而，农村地区信息流通困难，也缺乏专业的金融服务机构和平台。这增加了中小企业及农村用户的融资困难和融资成本，也无法实现农村金融资源的充分整合利用。针对农村金融发展的这一痛点，京东采用后付款的赊销方式，为农民提供资金支持，且利息也远远低于农民以往的平均支付水平。

本质来看，京东是从中小企业和农民融资难的问题切入，将生产者与终端消费者连接起来，为村民提供信贷服务的同时，也解决自己农村电商的"最后一公里"配送问题，为推动渠道下沉和发展互联网金融提供有利的条件。

（2）阿里：重点发展农村小微金融业务

阿里提出了农村工作的四个重心，其中第三点是创新农村代购服务、农村金融、农资电商O2O等。因此，在阿里的"千县万村"计划中，为农民提供金融服务也是该项目的一个重要功能。由于一二线城市中互联网金融的竞争趋于白热化，市场也逐渐走向饱和，因此，从2014年下半年开始，阿里重点发展农村市场的小微金融业务，以配合农村电商的整体发展战略。

✂与政府合作，打造农村电商生态体系

农村电商的发展，离不开农村互联网环境的改善。这并非单独某个企业可以完成的，而是需要各大电商企业与地方政府密切合作，共同打造出农村电商的生态体系，以促成电商企业的渠道下沉，也带动农村地区的经济发展。

通过电子商务的模式，可以把更多的经济收入留在农村、乡镇、县里，使之更有能力去维护好的生态和环境；另外一方面，电子商务又把海量的商品用廉价、便捷的方式，带到了广大的农村，促成了农村实际消费能力的提升。这"一进一出"的模式，就形成了一个良性循环，符合国家整体的农村发展战略，因此也容易引起基层政府的共鸣。

以阿里为例，2014 年 7 月 3 日，阿里联合国内 176 个县市区的领导和相关负责人，召开了被称为"县长大会"的首届中国县域经济和电子商务峰会。在这次峰会上，很多地方政府人士对电商落地区县乡村表现出了浓厚的兴趣。

正是抓住了地方政府对推动电商落地的积极态度，阿里才制定了明确的农村淘宝战略：把区县领导层作为电商培养对象，通过与政府合作，让淘宝进村获得地方政府更多的支持。正如阿里副总裁叶朋所言："与早年农民自发上网开店不同，近年来村镇电商明显呈现出组织化、规模化的特点，究其原因，是县级政府有组织地建构产业链，探索新玩法。"

在国内一二线城市的电商发展趋于平稳、可开拓空间日益缩减的情况下，广大的农村地区成为电商巨头新的角力场。然而，农村这片电商"蓝海"的开发也面临着各种新的问题和挑战：物流配送的缺失，网购消费习惯待培养，互联网环境待改善，村民创收难，甚至生产方式和消费方式转变困难，等等。因此，电商落地农村是一个长期的发展过程，需要企业着眼于服务网络的覆盖和本地

化的社群运营，并与地方政府积极合作，以逐步解决当前农村电商发展的各种难题。

转型 VS 变革：国外农业电商能够给我们带来哪些借鉴意义

欧美国家的信息化技术发展迅速，早在 20 世纪末期其互联网覆盖率就已达到 40%。世界上，农业电商最为成熟的几个国家有美国、日本、韩国、英国，重点发展方向是资讯服务及交易平台，其中主攻垂直细分领域易于成功。

※ 美国农业电商概况

美国的农民可以通过互联网完成信息搜集、财务管理、物品采购及农产品销售等。2000 年美国的农场线上交易额达到 6.65 亿美元，占据农场总交易额的 0.33%。网上购买额为 3.78 亿美元，购买的产品主要是作为生产资料的农资产品，网上销售额为 2.87 亿美元，其中 66% 为畜产品，其余的为农产品。

2007 年美国的农业调查显示：美国从事 CSA（社区支持农业项目）业务的农场规模约为 1.25 万个，在农场的总规模中占 0.5%。美国的农业电商 Local Harvest 的数据库中支持此项业务的农场就已经超过 2500 家，到了 2008 年这一数字变为了 3057 家，在美国的各个州都有其存在的身影。经过这些年的沉淀，社区化运营模式已经被证明是如今市场下最为成功的方式。

（1）农产品电商平台——Local Harvest

时间：2003 年正式成立。

团队：Guillermo 曾经在 IBM 工作，同时担任 CEO 和 CTO 职位。

运营数据：涵盖 3 万多家农场及农场超市。

业务及模式：农产品搜索与 LBS 服务技术结合，并提供在线购买服务，年搜索量可达 700 万次，还提供农产品在线交易、农场管理软件、农业超市等服务，其中农场管理软件按月收取 100 美元的使用费之外，还要加收 2% 的佣金。

优势：较低的费用吸引用户使用农场管理软件；用户通过非 LocalHarvest 平台出售的商品，LocalHarvest 也可以收取佣金；基于位置服务的 CSA 社区供应，有效减少物流成本；产品质量严格保障，推动消费者与农产品生产者之间的交流与互动。

特色：技术驱动型公司。

（2）农产品电商平台——Farmigo

时间：2009 年正式成立。

团队：截至 2014 年年底有 30 名员工。

运营数据：订单的人均消费从 2012 年的 15 美元上升至 2014 年的 38 美元，平台的商品平均价格比杂货店要低 10% ～ 20%。

业务及模式：销售额分配中平台得到 30%，农民得到 60%，社区发起人 10% 还享受购物优惠。清算采取即时支付方式。配送方式采用农民送至中转站，然后由中转站的员工送至顾客手中的方式。

流程：先由社区发起人提交建立食品社区申请，平台建立专属的社区购物网站，发起人将该社区中要经营的产品种类标明，接着发起人引入 20 人以上的消费者进行消费，农产品生产者将产品送至社区，消费者 3 天之内自由取货，社区每周都要发出实物采购信息，农产品生产者将社区的订单进行汇总，每周按时送货。

优势：无积压、非自产的轻模式，而且没有仓储，产品都是新鲜的食材。团购模式获得充足的议价权，社区式供应物流成本较低。

目标：全力发展成为美国最大的产品在线交易平台。

特色：消费者主导型公司。

（3）其他美国农业电商平台（表 1-4）

表 1-4　其他美国农业电商平台

机　　构	主营	简　　介
frambid	农场交易竞价	注册用近10万户，其中10%是美国以外的用户
theseam	农产品：棉花交易	在线磋商及交易，该市场分国内和国际交易两部分
dairy	农产品：食品、奶类、运输	2015年4月上线，日交易额超200万元
iTradeNetwork	农产品：易腐烂类	服务包括价格信息、合同和回扣管理、运输
Farm-AG-Loans	农业金融	网上农业贷款
Farm Machinery Locator	农机	农机销售
Used Horse Trailers	农机	农厂设备销售
Agriculture Products	农产品和材料	农产品、相关建材、围栏
Advanced Nutrients	肥料	营养素、肥料

※ 英国农业电商概况

1966 年，农场在线在英国正式成立，其模式为 B2B 电商模式，业务范围涉及金融、农产品及农资交易、信息服务、天气预报等，如今已经发展成为欧洲著名的农业电商平台之一。

www.farms.com，提供综合服务，主营拍卖、信息资讯及技术支持服务等。

www.ocado.com，英国最大的农产品电商之一，提供网上下单直接送至消费者餐桌的便捷服务。

✕日本农业电商概况

日本政府于2000年制定并启动农业信息化战略，促进农产品流通，对于农产品的订货、配送、结算制定了新的统一标准，而且对电子交易系统进行了更新。日本的农业协同组合网站还进行农产品生产技术与市场行情的推广工作。

日本的农业电商形式发展出了大型网上交易市场、综合性网上超市、农产品电子交易所、专业型农产品网上商店几种形式。专业型的农产品网上商店最具优势，它沟通了交易双方，减少了中间的费用，同时还保障了产品的质量。

✕韩国农业电商概况

2004年韩国的农业电商颇具规模的就有5个，韩国农林水产信息中心还为农民免费进行电商技能培训。几年后，韩国的农户主页就发展到了8000多个，农民通过网络渠道进行产品销售，交易规模上涨18%。

2006年，韩国的农业电商交易额达到20亿韩元，到了2008年，韩国的农水产品及饮料的线上交易规模为15020亿韩元，占据所有产品网上交易总规模的8.3%。2009年由韩国政府成立B2B模式的韩国农水产品电子交易所，发展成为目前韩国交易量最大的农产品线上B2B交易平台。

作为韩国当下最为著名的B2C农业电商之一的Kgfarm可以让消费者实现信息获取并进行直接交易。其在多个大型的综合电商网站上开设了店面，业务经营范围十分广泛。Kgfarm最初以三种模式运营，分别为政府委托公共机构运营、政府运营、民营，结果政府运营直接失败，政府委托公共机构运营效果很差，而民营表现良好。造成这种情况的原因在于政府的经验不足，而民众在农业营

销、电商运营、技术支撑方面具有优势。

国外的农业电商的发展之路表明了其发展的关键要素在于政策影响、网络环境、服务水平、利益分配、产品质量等。农业电商的发展并不能摆脱农业的相关经验，需要经营者能有清晰准确的市场定位与灵活的市场应变能力，为产业链带来正能量的创新发展将会成为同行业竞争的关键所在。

Part 2

新型商业模式崛起：

传统农业与电子商务的融合与重构

农批市场 + 电商平台：商业模式如何变革农产品流通渠道

到 2015 年，中国农产品批发市场的规模大约为 4200 个，八成以上的农产品从这些市场到达最终的消费端。在整个农产品流通过程中，农产品批发市场是必不可少的环节，经营者也从中获得了相应的利润。

根据相关的统计数据，从农产品批发市场流通到零售商那里的蔬菜仅在管理和摊位租用上的费用就占到整个过程全部消耗的 45%。中间商肯定也从中提价，概括下来，流通过程中蔬菜的价格上涨了一倍都不止。

如今，经济体制改革还在进行当中，土地流转进程不断加快，互联网的普及使很多领域呈现出新的局面，推动了农业生鲜电商的崛起，也给农产品批发领域带来巨大的压力。我们需要明确的是，互联网在哪些方面改变了国内的农产品流通，这种变化中是否蕴藏着新的商机。

当下互联网思维日渐兴起，意识到生鲜电商领域的良好发展前景后，许多企业加入这场争夺战中。农产品电商平台相较于农批市场的优势在于，该平台模块清晰，社会化特征鲜明，而且时值经济转型阶段，生鲜电商的巨大潜力更加明显，成为创业者的福音之地。

到 2015 年，国内约 30000 个电商平台与农业有关，从事农产品电商的企业数量达到 3000 个。也许这个统计结果不够精确，但我们可以从中发现，生鲜电商在当下受到许多投资者的追捧。由亚马逊率领的生鲜电商大军采用的是精细型发展方式，浩浩荡荡地奔赴这场争夺战。

✕平台之争

很多业内人认识认为生鲜电商会颠覆没有跟上改革步伐的农批市场，农产品批发行业却反过来将计就计。北京新发地农产品批发市场坐拥京东网的官方店铺；寿光农产品物流园实行商拍卖已经有段时间了；重庆香满园的电商模式进展顺利，晋升为该行业走电商之路的典型代表；深圳农产品公司形成全方位的电商应用模式，并联手阿里巴巴共同为农业领域的电商 B2B 之路出谋划策。

相比于其他行业，农批市场在资源方面更适合发展生鲜电商，因为农产品种类齐全、经销商相对集中，八成以上的农产品是从这里流通出去的，这里既包括普通的农产品品类，也包括国外进口的高品质农产品。联想佳沃已经将北京新发地作为其拓展市场，这足以说明农批市场的资源优势。

明确了优势所在，农批市场意在转变当前的粗放型发展道路，他们在新型经济的冲击下，也涉足电商领域，想借此机会更加接近农产品流通系统。但是，迄今为止，这些尝试者都还处在探索过程中，其模式都还有待完善。

我们来分析一下生鲜电商的发展态势，农业领域从生产环节到流通环节，再到销售环节的从业人员都已经尝试了生鲜电商模式，甚至有其他行业的创业者进军该领域。然而，我国生鲜电商中只有极少数能从中获取利润，也就是说生鲜电商还要谋求进一步的发展才能发挥其实际作用。现在也谈不上竞争平台，因为在产业转型中遇到的难题已经很让人头疼了，比如食品质量问题，没有形成统一的生产和质量鉴定标准。

行业转型将从方方面面改变原本的局面，应该立足于整个行业系统，将各个方面都考虑在内，从整体出发，明确行业的发展方向和前进趋势。

⌘相辅相成

农产品生产出来之后要经过农批市场才能流通到零售商手中，该环节在整个链条中居于中间位置，汇聚了各式各样的产品，是价格生成的地方。

我国的大部分农产品都要经过这个环节。然而，农批市场不仅仅是完善了农产品流通过程，也在这个过程中使农产品价格大幅上涨，但食品质量问题还是得不到妥善解决，也不能有效缓解产品供需矛盾和肆意炒作现象。

电商模式在农业领域的应用，确实跨越了中间商，能够有效避免食品质量问题，增强了消费者的体验，但多数生鲜电商只能控制产业链末端，他们无法干涉农业产业的上游。而生产环节事关农产品流通，与农产品销售环节的问题相比，其生产环节的阻力更大也更难解决。例如，食品质量得不到保障、生产缺乏系统性、没有统一标准、中间商过多、不注重品牌建设，等等。

生鲜电商也涉及很多传统模式没有涉足的因素，如网络技术的应用、冷链运输、人口构成。生鲜电商与传统模式有着本质的区别，应该探索自己的发展道路。但是我国的生鲜电商发展得还不够成熟，这意味着生鲜电商在现阶段还无法替代原本的农产品流通方式，还要进一步地过渡完善，不断加强在农业产业链中的控制力。

分析一下我国农产品行业的发展，对照海外国家的发展状态，阻力最大的还是产业链上游。众多生鲜电商纷纷落马，究其根本，还在于农产品的生产环节，而不是受到物流覆盖范围的限制。促进农产品的销售只是生鲜电商发挥的一部分作用，它颠覆了传统的商业组织形式。互联网在产品符合统一标准的基础上重新塑造了其产业组织模式，但农产品还未建立统一标准，需要在生产环节下功夫。

事实上，农批市场在行业改革方面与生鲜电商是相互促进的，在国内农批市场中排名比较靠前的公司加大了产品流通环节的建设投入，也尝试采用线上的拍卖销售，那些在互联网技术应用方面占据优势的新兴企业也着手中上游的系统建设，加强对整个产业链的控制。

对生鲜电商和农批市场究竟是相互促进还是彼此竞争刨根问底，并没有多大作用，有许多分析者力证两者不能相容也没有什么作用，最重要的是当某公司面临决策时要明确自己的优势所在，使自己顺利度过行业转型时期，并立于不败之地。

⌘双剑合璧

处于农产品流通末端的农批市场可以尝试联手生鲜电商，减少经营过程中的阻力，寻求对互联网思维的应用。那么，本地化农批市场可以通过什么方法来联手各种电商平台呢？

（1）本地市场联手垂直电商

如今，生鲜垂直电商受到各路投资者的追捧，然而该模式的组织结构较繁杂，对运作效率的要求比较高，不能有效规避风险。从目前来看，如果不是投资规模比较大，自身拥有专业化的运作者，通常会惨遭淘汰。就算投资和人才都有保障，仅靠自身的力量还是不能避免产品质量问题的出现，也不能形成稳定的价格。

位于流通过程顶端的贩运商鱼龙混杂，产品质量缺乏保障，成本消耗严重，比如优菜网尝试整合农批市场的资源来促进产品营销，最终却被淘汰出局，其创始人总结的教训中，居于第一位的便是农批市场不应该成为商品来源地。虽然甫田网、沱沱工社的运作与其有共同之处，但他们主营的是高端产品，没有进行盲目的范围扩张，其经营的大部分食品也不是生鲜产品。现阶段，只有那些高端产品的运营能够使商家避免在物流环节耗资过重，主营普通的农产品是不现实的。

虽然当地的垂直电商蕴藏着巨大的开发潜力，但农批市场缺乏专业的运作团队，互联网技术的运用也有待发展，他们还不能有效承担变革的风险。不过，农批市场应该尝试联手当地的垂直电商，在设施资源上为他们提供便利，运用O2O模式获得进一步发展。

也可以尝试与当地的垂直电商合作发展共同品牌，将那些便于管理的零售店发展成自己的终端服务展点，零售店负责产品末端的运送，将消费者的交易信息发送给他们附近的零售店，让他们到零售店去取货。这样就解决了末端的物流运输问题，除了让消费者自己取货，还可以雇佣附近空闲时间比较多的人做兼职快递员，上门送货。

对于垂直电商来说，整合当地的设施资源、发挥品牌效应，可以减少他们在硬件方面的投入，还能减少物流环节和品牌营销方面的消耗；对农批市场来说，利用垂直电商在网络平台的运作能够拓展其经营范围，避免中间商层层涨价，加强了与消费者的沟通互动，稳固自身的竞争地位。

（2）本地市场联手B2C平台

随着生鲜市场的火爆，很多电商平台也加入到该领域，如天猫运作的阳澄湖大闸蟹。然而天猫在尝试过程中意识到，建立统一的标准并执行并不容易。

2015 年加入京东平台的生鲜电商也很多，但他们的运营状况也只是平平淡淡。

综合电商平台在发展生鲜产品的运作上有自己的优势，他们在运作其他领域时已经积累了渠道优势，在产品营销方面积累的经验也已经足够应用到生鲜产品的经营上。农产品在最初的生产环节和末端产品配送中的成本消耗都很大，生鲜电商了避开这两个大成本消耗环节，主营产品营销。

如果农批市场要独立运营 B2C 平台，需要考虑很多因素，因为他们既没有经验，也没有用户基础，要消耗大量的成本来提高品牌影响力。另外，京东、天猫等已经深入人心，要想竞争过他们很难。不过农批市场可以尝试与 B2C 平台联手，吸引消费者更多的关注，为独立运营做好铺垫。

不能忽视在经营过程中探索自己的业务模式，因为这种探索无需投入大量的资本，而且可以根据自身情况进行调整。就目前的发展状况而言，应当致力于建设产品标准，形成自己的品牌并对消费者进行引导。**当地的农批市场要懂得借力于已有的平台基础，还要加强与物流公司的合作，从生产环节入手，严格要求产品质量，先重点发展竞争优势比较高的产品品类，打开市场后再拓宽业务面，加强与供应商的合作关系，发挥品牌效应，提高影响力，等到能力足够时再独立运营 B2C 平台。**

运用互联网思维，在探索阶段吸引更多的消费者，建设自有品牌，然后着力完善产业链建设，展示自身的独特性。由于多数农产品还未建立独有品牌，农品市场要抓住机遇。最可行的方式是建立统一的质量标准。

保证产品质量是发展电商平台的基础条件，否则再好的营销也不会持久。况且不可能在短时间内使自己的品牌家喻户晓，一开始就独立运作平台不仅需要大量的投资，效果通常也不理想，以高质量产品为基础、联手第三方电商平台可以降低消耗。另外，大规模农批市场在当地的影响力比较高，应该联手

B2C 平台获得进一步的发展，不仅节约成本，也能扩大覆盖范围。

（3）农批市场与 B2B 平台

在这方面比较典型的代表是深圳农产品公司经营的 B2B 平台，不过其主营产品的标准化程度比较高（如白糖）。除了白糖的收益比较高之外，其他品类还需要调整和完善。我国的 B2B 电商在鲜切花方面的发展较成熟，但其模式也只停留在对手交易与现货拍卖兼顾的阶段，究其根本，还是标准化的问题，无法确认产品品质，只能到现场检验。

从根本上来说，农批市场与 B2B 电商平台本来就是格格不入的，况且很多农批市场到现在还无法进行线上交易，更不用说发展 B2B 电商了。然而，我们必须明确的一点是，大型农批市场会向 B2B 电商平台的方向不断靠拢。但不管怎么样，提高农产品统一标准是发展过程中必经的环节，线上交易的实现只能对消费者起到引导作用。能力足够的大型农批市场也可以起到带头作用，但仍然要以产业链上游的品质保证为基础，明确自己的投资重点和发展重心。

 B2C+ 家庭会员宅配 + 订单农业：农产品电商的 3 种经营业态

农业本身的特殊性决定了农产品电商的发展是由多种因素决定的。传统行业，如服装、化妆品、3C（电脑、通信、消费性电子）等，这些产品经过制造、加工，然后卖给消费者，产业链很简单，而农产品的产业链比较复杂，上游涉及种植、饲养业，下游涉及冷仓、冷链配送等环节，整个过程环节比较多，资金投入多，而且周期长，有时还会出现"天灾"这种无法预料的因素，所以，农产品电商

的成功不仅是由投入的资金决定，还与各个环节是否能做到位紧密相关。

现在，各类企业已经开始从自身的优势资源切入，纷纷进入农产品或生鲜电商市场，从整体上对这个市场分析，我们发现，大概包括三种经营模式。

※ B2C 模式

在电商领域里，B2C 模式是最主要的经营形态。此类模式又分为两种：一种是“纯 B2C”，一种是“自有农场 +B2C”。

★ **“纯 B2C”，即企业自身不种植、不饲养，售卖的产品都是来自其他农场和品牌。这种模式的典型代表有顺丰优选、本来生活。**

以顺丰优选为例，介绍一下“纯 B2C”模式。顺丰优选把售卖的农产品定位在高端的进口食品和生鲜上，价位较高。它虽然拥有足够的资金和强大的物流配送能力，但是，仍然坚持一贯低调、谨慎的作风，在发展农产品电商方面循序渐进地进行。2013 年 2 月 26 日，顺丰优选在北京市场站稳脚跟之后，随后又在上海、广州和深圳开通业务。经 Alexa 统计数据显示，顺丰优选每天的 IP 访问量达 4 万个左右，假设平均转换率为 5%，那么，每天的订单量为 2000 单左右。

然而，客单量的多少并不能直接决定公司能否盈利。**“客单价”是决定企业能否盈利的一个重要指标，即客单价越高，公司盈利的可能性就会越大，反之亦然。**客单价如果比较低的话，公司只能依靠客单量的规模效应，从中获取利润，但是每天 2000 单的订单量根本无法形成规模效应。而 200 元左右的客单价，相对 20 ～ 30 元每单的配送成本，再加上 20% 的生鲜类产品的损耗，想要盈利几乎是难上加难。

这不仅仅是顺丰优选遇到的问题，其实其他的 B2C 生鲜电商，如本来生活、正大优选都是如此，道理也是一样的。

★"自有农场+B2C"，即企业自己通过承包农场，种植瓜果蔬菜等农产品，饲养鸡鸭牛羊等，然后自建B2C网站，将自己的产品卖给消费者。企业有时为了丰富自己的农产品，会与其他农场或者品牌商合作，从而满足消费者的需求。这种模式的典型代表有沱沱工社、菜管家。

沱沱工社拥有自己的种养基地，它承包了1000亩左右的农场，用来种植一些时令蔬菜和瓜果，此外，还养殖了土鸡、土猪等牲畜。沱沱工社希望通过自建的种养基地，为顾客带去健康、安全的食物，从而获取顾客的信任，树立口碑。但是，毕竟种养基地是有限的，而且受季节与地域的限制，它无法满足消费者各种各样的口味需求。经富有经验的人测算，如果把1000亩地全部利用，生产出来的产品也只够2000家用户的需求，所以，市场是极其有限的。

菜管家在上海是涉足这个领域比较早的电商企业。它的盈利主要来自两个部分：一部分是零售，另一部分是企事业单位的福利采购。但可悲的是，这块市场本身就不稳定，企业高管流失严重，危机此起彼伏。

农产品电商既然如此难做，大家为何还争先恐后地争夺呢？在资本市场，商家最看重的是迅速获取市场份额，而不是能否立即获取利润。

"家庭会员宅配"模式

这类模式，很显然，它的服务对象是家庭会员。从严格意义上来讲，它并非是纯电商模式。企业在形成规模化种植和饲养之后，通过官网，将自己的农产品信息发布出去，家庭会员登录网站就可以看到，然后通过网上会员系统，把自己需要的产品提前预订，等产品成熟之后，公司根据预定的要求，就可以把产品送到家了。

所以，这类模式并非靠零售赚取利润，而是通过家庭会员的月卡、季卡和年卡的消费。这种模式的典型代表有多利农庄等。

多利农庄的创始人张同贵，先是在上海浦东大团镇获取了 1750 亩农田，然后利用 3 年的时间，把农田土质转换后，便开始在农地上种起了有机蔬菜。目前为止，多利已经把市场推向全国各地，整合北京、上海、浙江等 7 个生产基地，总规模达数万亩。多利在盈利模式上相对固定，而且模式清晰，已先后完成了两轮融资，融资金额达 4000 万美元左右，第三轮融资正在积极筹备中。

然而，开展得如火如荼的多利并非已经盈利，而是继续把市场规模做大，缜密布局农业全产业链。多利的目标是做全国最大的有机食品生产商和宅配供应商，最终在资本市场上市。为了达到这个目标，多利不惜高价聘请外籍高管、专家，提升自己的软实力，而且投入巨资建立冷库、恒温室等，通过自建物流体系配送货物，自行管理。所有的这些投资都是一次性或者阶段性的，想通过售卖蔬菜来抵消成本几乎是不可能的，然而，多利仍然坚持投入，正所谓“项庄舞剑，意在沛公”，多利看重的并非现在的盈利，而是未来的市场。

类似的模式还有上海的一亩田、深圳的忠良网，资本市场和扩张速度是这类模式的最大挑战，没有密集的资本投入，就无法扩大市场规模，要想盈利就必然以牺牲市场规模为代价。显然，没有多少企业像多利一样密集投资，他们只能在保持盈利的基础上慢慢向市场进攻了。

✕新型的经营业态——“订单农业”

这种业态类似于美国的 CSA（社区支持农业），我们的方式还是区别于 CSA 的，所以叫“订单农业”。

北京、上海等一线城市已经有很多小型的农场经营者在尝试“订单农业”这种经营模式。例如，在上海崇明，有两位喜爱天然种植的经营者，就收到了

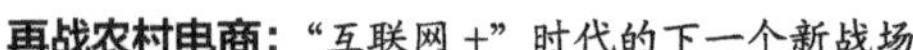

预定夏天西瓜的订单，价格是5元/斤，满100元起订，消费者在预定西瓜的时候，需要先交一部分订金，待西瓜成熟后，消费者可以到指定的地点自行提取，也可以配送，只是配送费另计。

这类经营者由于没有投入巨资建立电商平台，所以，大多是依靠淘宝网上的C点进行销售。这类经营方式的最大特点是，经营者向顾客承诺种植的作物不打农药、不施化肥、不加生长素等，是绝对的天然作物、天然产品。所以，你在预订产品之前，先要对农产品经营者有一定了解和信任，但是，你也同时会承担未知的种植风险，比如干旱或者洪涝，在天气使然的情况下，种植出来的产品，无论好坏，都要照单全收。

订单农业的初衷是为消费者提供健康、安全的天然产品，这一模式在国内才刚刚起步，还需要一段时间不断提高和完善自己，争取消费者的信任，所以，盈利之路还需要在不断的尝试中慢慢探索。

挑战VS痛点：“农村电商+O2O”模式如何真正实现“落地”

随着城市电子商务市场的饱和，电商巨头又纷纷布局农村电商，在农村实施O2O模式。2014年7月2日，阿里巴巴集团组织全国100名县长、书记在杭州开会，讨论大家电进军县域市场。从2013年至2014年3月，京东总共在全国100多个乡镇刷了8000幅墙体广告，向农户推销农资产品。2014年5月，顺丰在公司内部设立扶持基金，鼓励员工到华中、华西、华北等地的三四线乡镇开设代理站点，培养农户的网上购物习惯。

据阿里巴巴研究院发布的数据显示：2013 年，在阿里巴巴零售平台上，淘宝农村的网购额仅占 8.6%。而随着互联网的普及，以及各大电商巨头不懈的培养农民的网购习惯，农村的网民数量将不断增加。2014 年年底，农村的网购市场已高达 1800 亿元，预计在 2016 年将突破 4600 亿元。目前，我国农村的电子商务正处于迅猛发展阶段，与城市相比，潜力更大。随着城镇化进程的加快，农村的交通状况必将改善，从而成为电商发展的下一个蓝海。

虽然电商下沉是未来发展的必然趋势，但在实际的下沉过程中却遇到更多的挑战，在农村实行 O2O 模式还须循序渐进。以京东、阿里巴巴等为代表的电商巨头正在积极布局农村电商市场，抢占 O2O 模式的先机，以便占据更大的市场份额。

✕ 农村 O2O 的落地难题

2015 年，在我国 14 亿人口当中，农村人口占比 56%，行政村已超过 5 万个。在农村实施 O2O 模式不仅耗资巨大，且还需足够的精力来统筹布局不均的乡镇，协调它们之间的差异。O2O 模式落地农村主要存在以下三大难题。

（1）产品输出的难题

互联网的普及，使家家户户都安上了宽带，农民可以通过互联网展示农副产品，并在线向顾客出售产品，但由于农村地形崎岖，交通不便，导致无法保障农产品在运输途中没有耗损，再加上公路收费、人工费用，农副产品的输出成本一直居高不下。

（2）商品输入的难题

农民在通过互联网展示自家农副产品的同时，也通过互联网浏览其他商家的商品，并通过在线支付，立即购买到心仪的商品，但与农副产品的输出问题

相同的是，商品的输入成本同样庞大。由于农村的基础设施建设滞后，对现有的资源利用不够充分，导致物流网络在各个乡镇的覆盖程度不同，"最后一公里"的问题始终没有解决。

（3）电商意识的难题

虽然互联网的普及进程加快，电脑几乎已进入每家每户，但农民的网购意识还很薄弱，依旧依赖于传统的购物方式。虽然农村电商市场潜力巨大，但目前来看，还没有发挥应有的效用。主要有两大原因：一是经济条件落后，二是农户的电商意识薄弱，这也是最主要的原因。农民在购买农资等商品时，仍习惯与线下面对面的交易。对于农民来说，电子商务的在线下单、支付等环节存在着很大的风险，并且操作复杂。

毫无疑问，电商下沉是未来电商行业的发展趋势，但是由于缺乏政策的鼓励、基础设施的滞后以及传统思维的根深蒂固，决定了农村电商的发展还有很长的路要走。

电商巨头尚未切中痛点

虽然以京东、阿里巴巴为代表的互联网电商巨头纷纷布局农村电商市场，但它们还未触及农村电商的切入点，离真正的农村 O2O 模式还有一段距离。

在进军农村电商市场，阿里巴巴以县域电商布局农村市场，抢占三四线城市的市场份额。在浙江推出了"遂昌模式"，以发展本地化的农副产品为核心。"遂昌模式"是多方主体，包括农户、物流企业以及物流运营主体等通过互联网建立联系的一种模式。"遂昌模式"以网店协会为行业代表，将分散的资源整合起来，打通地方与全国的运输渠道，以"电子商务综合服务商 + 网商 + 传统产业"的模式，促进县域经济的发展。但是，将农副产品加工业与电商结合起来发展，对于大多数农民来说，还无法接受。

京东发展电商的一大特色就是自建物流，而在布局农村电商市场中，京东采取了相同的做法。但我国农村的地形大多崎岖不平，且村镇布局分散，仅仅依托京东的物流很难解决“最后一公里”的难题。因此，京东又推出了“京东帮服务点”模式，覆盖全国县级城市，降低运输成本。

2014 年 11 月 20 日，京东商城首家大家电“京东帮服务店”在河北省赵县正式开业，优先为当地农民提供“最后一公里”服务。整合商品、物流、营销、移动入口下沉等多个环节，培养农民的网购习惯。预计，到 2017 年，京东将开设 1000 多家的“京东帮服务店”，覆盖全国区县，为 7 亿农民提供与城镇居民相同的服务，实现全国同价。“京东帮服务店”的开设在京东向农村下沉的过程中发挥了不可取代的作用。

虽然京东以“京东帮服务店”为突破口，抢占农村电商市场的做法具有现实意义，但目前看来，这一模式在农村成功应用还需要很长一段时间。此外，开设线下实体店铺致使线下市场大于线上市场，并不能起到应有的培养农民网购习惯的作用。

农村 O2O 需要真正“落地”

电商下沉需要从培养农民的网购意识开始，从农民的立场出发，满足农民的需求，只有这样，才能真正地抢占农村电商市场。目前，各大电商巨头纷纷开始培养农民的网购意识，例如，阿里巴巴召集县长、书记开会、京东刷墙体广告等。

但是单纯地刷墙还无法真正使网购与农民的生活融为一体，还需要农村 O2O 模式的辅助。电商巨头在向农村下沉的过程中，可以借鉴农村 O2O 模式的典型——村村乐。

++

村村乐的O2O模式主要体现在三大环节上：渠道、物流以及营销。在渠道方面，村村乐充分利用现有的销售渠道，如化肥专卖、家电专卖、日用专卖等店铺与其他商家进行战略合作，提升其品牌知名度和影响力；在物流方面，依托农村现有的资源，如村镇商店、村邮站、三农合作社等，建立村级推广站，及时了解农民的需求，村村乐根据推广站反馈的信息，统一安排货物；而在市场营销方面，在采用电商巨头刷墙体广告的方式外，村村乐还通过巡回路演、电影下乡、村委广播的方式宣传产品，吸引农民购买。

村村乐是中国最大的专门为农民服务的综合性社区网站。截至2015年2月，村村乐网站已经覆盖了包括港澳台在内的全国范围，遍及省、市、县、乡、村5级渠道，涵盖34个省、347个市、3147个县、45193个乡镇、660521个村庄。村村乐在全国村庄的覆盖率已超过80%。

总体看来，村村乐的成功运营离不开它的经营模式与设计理念。

★线上平台方面。村村乐是我国最大的面向农村的门户网站，为农民提供多样化的服务，如网络社交、分类信息、电子商务等，覆盖农村新闻、供求、旅游、生活信息等多方面内容。同时，村村乐还从农民的实际需求出发，从他们的立场考虑问题，为农民提供满意的服务。通过村村乐门户网站，农民可以展示自家的农副产品，同时也可以与外地人交流沟通，成为朋友。

★线下拓展方面。村村乐采用“网络村官”模式，根据一定的标准，将所有的农村划分为一个个分站，并设立站长职位，统一管理农村。村村乐在选择站长上，主要以科技致富带头人和大学生村官为主要对象。截至2015年2月，村村乐已经累计招募站长20多万人，在农村的网络管理、市场推广、市场开发以及招商引资等方面做出了突出贡献。村村乐通过站长的模范带头作用，激励普通村民生产质量优良的农副产品，加强与外界的联系，为建设美丽乡村奠定基础。

★**商业服务方面**。村村乐门户网站主要负责营销推广农副产品，为农民提供多样化的销售渠道，提高农民的生活水平。通过设立的站长职位，在农村培养网购意识，以一些农民喜闻乐见的方式，如墙体广告、路演巡展、电影下乡、农村店推广、横幅广告、宣传栏推广等，进行宣传；站长和村民都可以在村村乐网站上承接业务，只要注册账号即可。通过村村乐网站，村民在与外界进行交流沟通的同时，也获得了利润收入。

★**农村互联网金融方面**。村村乐推出了村村贷款、村村融保险理财项目，在培养农民的网购意识之外，还扩大农民增加收入的渠道，真正做到位农民服务。

“村村乐”通过线上与线下相互配合，为农民提供市场推广服务，并推出理财项目，增加农民的收入。在农村的建设中，成功地运用了“互联网+”思维，使互联网发展的成果惠及农村、农民。

++

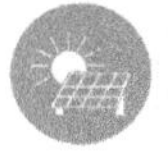

“都市自留地”：众筹结合农产品，解决农产品互联网化难题

随着人们生活质量的不断提高，消费者对食品安全和生活品质的重视程度越来越高，怎样才能保证消费者买到安全可靠的产品和食材？这是亟须解决的一个问题，这也给了许多电商网站一个良好的商机。

现在，苏宁易购开始实施的众筹项目——“都市自留地”，土鸡蛋作为其主打产品之一，消费者通过众筹平台对产品进行预购，7 天之内，你就可以尝到新鲜的土鸡蛋。

事实上，苏宁易购这种农产品众筹的方式得到许多电商平台的效仿，许多业内人士认为，农产品众筹实质上是将互联网金融与农业相融合，这种商业模式不仅解决了信息不对称、产销不对称，还解决了食品安全的问题。

※ 苏宁发力农产品众筹

祖国的第三宝岛——崇明岛是都市自留地土鸡蛋的原产地，那里土地优渥、环境优美，自然孕育了一批原生态的健康家禽，再加上营养专家选配的不含任何激素和化学添加剂的纯天然谷物，这些家禽经过精心培育，生出的鸡蛋比普通鸡蛋具有更高的营养价值，其中所含的丰富微量元素更有利于儿童和老人的吸收。从生态园到顾客餐桌，这一系列流程都依靠完善的流水线得到保证，让顾客吃上纯天然的高品质鸡蛋。

当众筹达到预期的金额之后，7 天内把货物发完。例如，28 元买 30 枚崇明土鸡蛋，其中有 2 枚是绿壳蛋，这样的价格比市场上的土鸡蛋还要实惠。

与传统渠道相比，苏宁易购还充分利用其渠道优势，让更多地区的消费者吃到健康安全的崇明土鸡蛋。其实，苏宁除了为广大消费者提供土鸡蛋，还将马陆葡萄、水蜜桃等特色产品通过预售和众筹的方式推向全国市场，这让更多来自全国不同地区的消费者享受到十足的"上海味道"，这样，商户的销售半径得到极大的扩大。

消费者通过这种农产品众筹的方式实现对农业产品经营的参与，产品的新鲜程度和安全健康得到保证，带给消费者实实在在的优惠和绝对的放心。

+++

2015 年，家喻户晓的无锡阳山水蜜桃，还在树上没有完全变熟的时候，就已经被提前抢购一空了。当地的水蜜桃种植商就是通过与苏宁易购的众筹项目进行合作，在第一时间将桃子推向全国各地。通过此事，苏宁众筹也打响了备战“6.18”的“第一枪”，在“+商品”层面开启了互联网零售的新局面。

通过苏宁众筹得到的生鲜农产品，不仅能在质量上得到保证，而且价格实惠，因为在购买水果的过程中，省去了中间的许多经销环节，所以，相同质量的水蜜桃在价格上有很大的优势，是市场价格的一半。

2015年，众筹项目已经认证成功，预计在2016年，苏宁与种植商的合作将更进一步，例如，把一株果树“承包”给消费者。

“农产品众筹+农业旅游”成为苏宁众筹农村电商的一个新思路，把当地经济由单一化向多元化开发。充分利用当地的旅游资源，将农家乐和生态游等形式相结合，搭建一条全农业产链。

2015年7月，国务院颁布的《关于大力发展电子商务加快培育经济新动力的意见》，大力支持发展农村电子商务，将互联网与农业农村的发展相融合。苏宁众筹已经快速迈出了第一步。

+++

2015年4月起，公司除了运营阳山的水蜜桃，还运营了包括东海水产、阳山水蜜桃、盱眙龙虾在内的20多个农产品项目，其中各占比例为106%、240%、335%。来自全国各地的生鲜果蔬正以这种我国农村电商发展的全新模式——众筹，让广大消费者享受到这种健康安全的果蔬。

苏宁众筹与现有的生鲜电商运营模式截然不同，它的原则是，只与全国最好的农产品产地进行合作，在投入数据、物流、金融等多维度资源的基础上，与当地农产品基地共同培养、挑选优质产品，从而凭借其绝对的高质量产品，在市场上引发“爆品”效应。

苏宁在众筹的过程中，与江苏、浙江、安徽、广东等农产品基地建立了友

好的合作关系，为各个地方的苏宁超市的运营打下良好基础。

⌘ 解决农产品互联网化难题

农产品互联网化问题得不到解决，就会导致每年的农产品因信息不对称而数以亿元计地损耗，再加上固有的流通、储存环节上的损失，给农业经济带来很大的压力。然而，10 万亿元以上的农业市场规模让市场的想象空间变得很大。

农产品众筹能够解决传统农业和农产品流通模式下的一些问题。传统销售环节是"经纪人—产地批发商—销地批发商—零售商"，这一系列烦琐的环节使得农产品的流通成本不断增加。而农产品众筹就不需要这么麻烦，它可以根据消费者的需求制作，并解决信息、产销不对称以及食品安全问题，还可以通过减少流通环节，进而起到降低成本的作用。

2015 年 7 月，在《中国众筹行业报告—2015（上）》中提到了目前大众比较关注绿色农产品、绿色农场及生态农业这几个行业的信息，所以，在这几项上实施众筹，项目的成功率肯定高于其他行业，而且成功率高达 93%。

很多业内人士认为，实质上，农产品众筹就是将互联网金融和农业相融合，这种商业模式对经销商和消费者双方都是明显有益的。

综上所述，众筹为消费者、经销商以及苏宁易购都带来了有利影响。

++

★对消费者而言，众筹这种直采直销的商业模式，更能精准地把握市场的需求，中间环节的省去、供应链的缩短，使得消费者的购买成本大大降低。

★对经销商而言，众筹为他们提供了广阔的销售渠道，从而产品不容易出现积压、滞销的情况，而且还有利于优质的农产品基地形成规模化及品牌化效应，生产的科学化和现代化更加凸显。

★对苏宁易购而言，生鲜众筹不仅丰富了农产品SKU，而且为它引进了大量顾客，并且，彼此之间形成强连接。

++

小县域，大生态：全方位解读县域电商的8种代表性模式

农村电商悄然兴起，国内的电商发展之争成为一场生态之争。各方企业巨头的加入点燃了农村电商的战场，而当下存在的8种县域电商模式又将如何证明自己，成为农村电商发展的开路者？

✂遂昌模式

（1）传统经济特点

位于浙江省丽水市的遂昌县被山地占据了88%的土地，自古以来就有“九山半水半分田”的称谓。特殊的地域特点使得遂昌没有发达的工业，但农业却发展良好。依托山地资源的遂昌有着十分丰富的农林产品，农业发展成为遂昌发展的支柱产业。

（2）电商模式：生产方 + 服务商 + 网络分销商

遂昌电商模式的战略核心在于特色农产品销售，比较著名的农产品有竹炭、烤薯、菊米、竹笋等。

2014年，遂昌的农林产品电商交易额达到5.3亿元，而且这种农林产品电商的发展还促进了遂昌涉农旅游产业的发展。仅在2014年，全县农家乐累积游客数量262.95万次，带来经济效益2.66亿元。超过8亿元的交易额向我们展示

了农村电商给予这个仅有20多万人口的遂昌县带来的巨大改变。

（3）关键特点

"遂昌模式"发展核心是服务。2013年10月，阿里研究中心、社科院将"遂昌模式"评为国内首个以服务平台为导向的农产品电子商务模式。其核心业务主要分为三个方面：整合所售货源、组织当地线上商家进行网络分销、标准而规范化的仓储及发货服务。

"遂昌模式"围绕"网店服务中心"展开，其中"网店服务中心"在遂昌的农村电商发展中产生了巨大的推动作用。

+++

★形成了农林产品的产销标准化。将传统的混乱无序的农产品变为标准化的商品，使交易双方及监督机构有了可以作为参考的依据。

★推动了产品的生产制造朝着规范化的方向迈进。使网店产品质量得到有效的改观。

★设有专门线下的"产品展厅"及线上的"网络分销平台"。有专业的技术人员负责产品的信息（文字、图片、视频等）制作，用于在网上的商品推广营销，使网商更加趋向于大众化与平民化。

★提供统一的仓储管理。对网络分销商们的订单进行汇总并发货，帮助分销商们解决售后服务，减小了网络分销商们的资本投入及其承担的风险。

★有效统筹了农村电商各个节点上的分工。负责生产的农户、产品加工的商家、销售产品的网络分销商能够找准自己的定位，各方协同合作共创价值。

+++

（4）模仿风险

"遂昌模式"按照工业上的"流程化"构造了农林产品生产的社会化大协作，

将货源整合、商品信息、物流、仓储、售后等统一管理，能够让农林产品的生产者、加工者、分销商完成自己最为擅长的工作，有效提升了电商运营的效率及竞争力。在农村电商发展的初期，这种模式可以发挥巨大的作用，能够促进大批量的电商领域的中小商家获得快速的发展。

当然这个模式的缺点也比较明显，集多种服务为一体的“网商服务中心”正是这个电商链条上的薄弱点，一旦这个环节出现问题，上游的生产者及下游的分销商都会受到极其严重的影响，甚至会使整个电商链条崩溃。

（5）适用地域

这种模式比较适合电商底蕴不足、中小网商为主、小品牌多的地区。

“通榆模式”

“通榆模式”和“遂昌模式”有一定的相似之处，但是在销售环节与品牌化方面“通榆模式”有着自己的独到之处。

（1）传统经济特点

位于吉林省白山市的通榆县，交通不便，以典型的农业生产为主，经济来源主要以批发及零售渠道销售当地的农产品为主，有着“杂粮杂豆之乡”的美誉，绿豆、葵花的产量居全国之首，但其农村电商的发展基础却十分落后。

（2）电商模式：生产方 + 电商公司

2013 年年底，当地的县政府发动社会力量成立的电商公司——“云飞鹤舞”正式营业，发展出了“通榆模式”。

属于企业性质的“云飞鹤舞”在通榆具有良好的电商运营实力，“云飞鹤舞”在“通榆模式”中扮演着核心的角色，上游的生产者及加工企业生产加工的农产品（主要以小米、绿豆、燕麦、竹豆为主）由“云飞鹤舞”进行整合，再经过淘宝平台销往各地。

从 2013 年 10 月发展至今，通榆县逐渐完成了一个偏远落后的小县到全国县域电商的典型代表的角色转变，同时也是阿里的第三个农村电商的试点县，是阿里的“千县万村”战略的一部分。

（3）关键特点

+++

★“云飞鹤舞”采取网络直销的模式，部分产品也存在着网络分销商。

★采用自主品牌“三千禾”对所有的农产品进行统一的包装、销售。

★通榆县政府从许多部门选出一批电商领域的精英力量成立了“通榆县电商发展中心”，为“云飞鹤舞”提供电商技术支持。

+++

（4）模仿提示

“云飞鹤舞”也是这条县域电商链条上的薄弱点，出现问题会直接影响整个县域电商的稳定发展。

通榆县的小型网商数量较少，而且“通榆模式”并未对当地的小型网商的发展产生较为明显的推动作用。下一阶段在处理好利益分配关系的前提下，“云飞鹤舞”将会把当地的小型网商纳入分销商的体系之中。

（5）适用地域

此模式主要适用于电商底蕴不足、品牌化程度低、小型网商规模较小的地区。

✂“货通天下农商产业联盟”模式

（1）背景

该模式的总部位于上海市，定位为非营利性组织。

（2）电商模式：农产品供应商 + 联盟 + 采购企业

目前“货通天下农商产业联盟”致力于构建一个以大宗农产品交易为主的电商新模式——BAB（Business Alliance Business）模式。

BAB 模式属于 B2B 模式的一种，联盟在这个模式中扮演着核心角色。联盟将农产品生产者、加工者的产品进行整合，提供品牌好、需求量大的农产品加工企业、餐饮企业、流通企业等采购商，还引入一些为供需双方提供中间服务的涉农服务商。联盟从达成的交易中抽取 1% ～ 3% 的佣金用于以维持联盟的正常运转。

由 DRC（国务院发展研究中心）公布的数据来看：从 2014 年下半年“货通天下农商产业联盟”的电商交易平台上线以来，正式加入的会员有 2000 多家，审核中的会员有 3000 多家；涉及的农产品有 2900 多种类别，交易总规模达到 3.5 亿元，意向订单总规模 10 多亿元。

交易平台的会员来自新疆、辽宁、河北、山东、陕西、浙江、安徽、四川、福建、台湾 10 个省（自治区），国企、央企、民企、外资等多种企业入驻，涉及种植业、养殖业、加工业、餐饮、出口、保险金融等产业。如今年度采购需求规模突破 50 亿元，发展前景十分光明。

（3）关键特点

++

★对于入驻其中的供应商、采购商、服务商，联盟选择的是有一定影响力的企业，个体的农业生产者及消费者不在其范围之中。

★成立了电商交易平台，信息资讯、委托采购、网上支付、物流管理、评定审核、招标拍卖等服务可以让会员享受到一站式服务。

★参与制定了多种农产品的交易及监管标准。

++

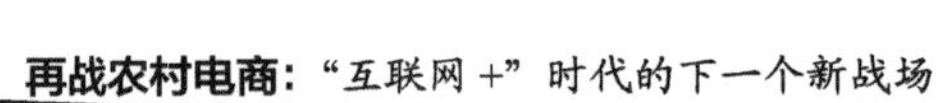

（4）模仿风险

"货通天下农商产业联盟"是为了解决大宗农产品交易双方（企业之间）之间的问题，这给联盟对大型企业，尤其是采购方的整合能力带来巨大的挑战。

而且，为大型采购企业提供农产品的供给方的产品产量、质量上有一定的门槛。开发交易平台以及日常的平台运营维护工作需要一定的技术支持。由于平台不依靠第三方交易平台，淘宝等第三方平台上的小型网商被拒之门外。

而且这种模式的平台化的特点经过一定的发展之后，可以为国内的大宗农产品交易双方提供优质的服务，其他地区再进行模仿具有一定的风险。

（5）适用地域

这种模式适用于大规模的企业之间进行的农产品电商交易。

※沙集模式

2011年，"沙集模式"以不依赖所处地区的传统产业，从零开始发展电商成为一种县域电商模式的典型代表。对于中西部的农业、手工业比较落后的地区来说，具有较为明显的示范作用。

（1）背景

江苏省徐州市沙集镇是典型的苏北农村，当地以人均不足1亩盐碱地的水稻及玉米种植为生，生活十分贫苦，一些人被迫选择外出打工。这里也曾经尝试过养猪业，但1998年的东南亚金融危机导致当地的养猪业崩溃。后来全县又选择废旧塑料回收业，又被2008年金融危机及环保工作的推进所毁灭。

（2）电商模式：加工厂+农民网商

沙集镇的电商企业逐渐摸索出了对当地传统产业无依赖关系的电商发展模式。

农民网商在"沙集模式"中扮演着核心角色，他们从加工厂采购货源，然后通过网店销往全国各地。而且这些加工厂资源大部分共享，只有少数的网商自建加工厂。2014 年年底，沙集镇的东风村直接从事于网商工作的人超出 2000 人，网店超过 1000 多个，总交易额突破 24 亿元。

（3）关键特点

+++

★他们所经营的产业不依赖当地的传统产业。

★这些农民网商们所经营的产业资金、技术及资源整合要求低，适合小本经营。

★形成了产业化分工的模式，原材料供应商、加工商、网商、物流配送等各司其职。

+++

（4）模仿风险

这种“无中生有”的“沙集模式”在经济较发达、电商底蕴深厚的地区发展难度较低，但是经济基础弱、电商底蕴不足的地区发展这类电商，要承担电商发展与产业培养的双重压力，对于所选产业的入门要求成为此模式能否得以生存的关键。

由于该模式的门槛较低，很容易形成大批量商家涌入，大打“价格战”的恶性竞争局面。解决这一问题需要这些商家在创新发展、成本控制、运营效率等方面的能力能经得起市场的考验。

（5）适用地域

这一模式适用于没有较为发达的传统产业的地区。

✂ 清河模式

地处河北省邢台市的清河县为历史名县，如今以发达的羊绒产业享誉海外，被称为“中国羊绒之都”。山羊绒的产量占据国内 60% 以上，更是占据着世界

40%以上的份额，有着深厚的羊绒产业基础，清河县依托这一产业优势，发展了独具特色的清河电商模式。

（1）背景

2008年全球性的金融危机给清河县的羊绒产业带来巨大的冲击，羊绒出口量严重下滑。为了解决发展的困境，清河县政府在许多方面开始了尝试，其中便有电商发展这条道路，提出了"网上网下互动，有形市场与无形市场互补"的发展战略。

（2）电商模式：专业市场+电子商务

借助发达的传统产业，清河县开辟了一条专属的县域电商模式。

2014年年底，清河县发展了8个淘宝村及1个淘宝镇，全县的电商羊绒产业相关从业人员有6万人之多，阿里平台上开设的网店数量有2万多家，线上年销售额突破30亿元。

（3）关键特点

++

★清河羊绒的电商发展和义乌的小商品电商模式有着相似之处，二者都依靠具有极大优势的传统产业及专业市场为依托。而且这种模式所形成的供应链运营效率高、产品的质量高、价格优势明显、行业竞争能力极强。

★有一部分的示范者的带头作用，后续的传统商家迅速开始发展电商，规模效应形成。

★政府支持的电商产业为当地的电商发展插上了腾飞的翅膀。

++

（4）模仿提示

传统产业发达的地区，企业发展的氛围浑厚。有了相关的电商发展政策及相关的基础建设作为支持，一批典型企业的诞生很容易带来"多米诺骨牌"效应。

但是这种产业相似度高的地域电商发展极易形成恶性竞争，当地政府应该注意加强管控，商家也应该有一定的自律能力，营造出一种创新发展、走差异化竞争之路的浑厚氛围。

（5）适用地域

这种模式适用于消费品产业具有优势地位及传统产业较为发达的地区。

✂武功模式

武功县的产业优势并不能和其所处的地区优势相匹配，但是其在电商的定位方面却走出了一条独特的道路。

（1）背景

武功县位于陕西省咸阳市，是连接新疆、西藏、甘肃和东部的要道，高速公路、铁路穿境而过，据咸阳国际机场仅有 50 公里路程，地势平坦、位置优越，成为关中地区的交通枢纽与物资的集散中心。

（2）电商模式：集散地 + 电子商务

由于武功县所处地理位置的优越性，配以发达的交通网络，县政府推出“买西北、卖全国”的电商发展战略，成为西部地区进入东部地区的集散地。

武功县“铁工机”（铁路、公路、机场）的巨大优势，使得物流发展具备先天优势，使得电商的供应链得到强有力的保障，增强了武功县电商发展的竞争力。

（3）关键特点

++

★“集散地”的定位充分结合了当地的交通优势，使得仓储及物流的优势得以发挥。

★大型电商园区的建设吸引了外地电商入驻，带来了先进的技术及充足的发展资金。

★借助西北部丰富的物产资源，弥补了当地产品的不足。

++

（4）模仿风险

互联网没有兴起的时代，集散地成为重要的枢纽，发达的物流业及集中的商品使得供需双方能够在见到实物的前提下进行沟通，而且各地涌入的大量客商带来了最新的信息。而互联网时代电商的发展，使得商品的展示、使用及信息交流的形式发生彻底的变革，变相地削弱了集散地的枢纽作用。而且随着西北地区电商的发展，会使得货源供给出现一定的问题。

模仿武功县的这种集散模式，必须充分保障上游供给链的稳定性，确保货源能够源源不断地输送。

（5）适用地域

此模式适用于交通位置便利、物流业发达、有潜质发展为商品集散地的地区。

※成县模式

作为"国家级贫困县"的成县，通过当地的县委书记发动政府力量，通过微博、微信等平台推广当地的优质核桃，成为县域电商发展的一道特色。成县电商的模式简单有效，走"爆品推动"路线。

（1）背景

位于甘肃省陇南市的成县由于处于嘉陵江水系，山地较多，是一个山清水秀、风景优美之地。工业基础较差，农林资源丰富，有着将近 50 万亩的核桃林，2011 年被国家林业局评为"中国核桃之乡"。自 2013 年起，当地的县委书记就带领着当地的政府人员通过微信、微博等为当地的核桃种植户推广核桃，帮助农民将核桃销往全国各地。

（2）电商模式：农户＋网商

成县的电商模式看起来十分简单，但是其电商发展途径及敢于创新的精神却值得广泛学习。2014 年，成县的网店就有 600 多家，销售额突破 1 亿元。电商物流园区一期建设已经完成，目前正朝着“电商强县”之路迈进。

（3）关键特点

++

★爆品路线。以知名度十分广泛的“成县核桃”打响成县品牌，接着推出“成县土蜂蜜”“成县紫皮大蒜”“成县手工挂面”等当地特色农产品。

★政府推广营销。以县委书记为代表的政府全力帮助农民解决农产品销售问题，通过微博、微信等平台扩大影响。

++

（4）模仿提示

在产品的知名度及影响力不足的情况下，县域电商的发展需要有一定权威性的媒介进行推广，政府作为一种极具权威力量的媒介帮助资源缺乏的地区的某一单品成为爆品，接着再带动其他产品共同发展。

这种模式下确实会推动当地电商迅猛发展，但其后续的竞争力却是一个痛点，有可能会引发大批量的网商集体死亡。而这时就需要当地的政府能够给电商生态的发展提供有力的保障，使这些小网商能够形成品牌并发展到一定的规模，形成品牌效应以及集群化发展。

（5）适用地域

此模式适用于具有特色产品的地区。

"赶街"模式

"赶集"在浙江一带的农村被称为"赶街"，2013年3月，遂昌网商协会的创始人潘东明创办了一个满足农村消费者网购的网站——"赶街网"。

前几种模式解决的都是县域产品的销售之路，没有从农村的消费者如何进行网购的角度发展来的电商，"赶街"模式提供了一种发展思路。由于农村的电脑及宽带的数量较少，网购在农村发展较为缓慢。

农村消费者收入较低，还要承担较高的渠道成本，这对于农村电商的发展有着不利的影响，赶街网从解决这个问题的角度出发，创建了一种"赶街网+农村电商代购+农户"的新模式。

"赶街网"整合了农民的生产及生活过程中所需要的各种资源，包括生活用品及农资等。"赶街网"在村子中会选择一个代购点（一般选择村里的小卖部），并提供电脑及宽带用以帮助村民们下单购物，代购点抽取交易中大约10%作为佣金。除了帮助人们购物之外，赶街网还会提供公共事业缴费及金融等多项服务。

"赶街"模式推动了农村电商的发展，有效降低了农村的购物成本。但是就县域的社会消费品零售来讲会产生不利的影响，不过从另一角度来讲县域内销的困境会推动县域外销型电商的快速成长。

Part 3

田野上的军备竞赛：

互联网企业争相布局农村电商战略要地

阿里巴巴：抛出"三板斧"，建立专属农村电商生态系统

阿里计划斥资 100 亿元建立的"电商 + 资金流 + 物流平台"生态系统为阿里下乡做了充足的准备，而有着 6.74 亿人口的农村又将会给阿里带来怎样的机遇？

2014 年 9 月，阿里于美国纽约正式上市，而作为董事会的主席马云接着向外界透露了阿里接下来要发展的方向：大数据、跨境电商和农村电商。而农村电商是其中投资成本最大，也是接下来要发展的战略核心所在。

++

家住浙江省桐庐县金家村的郑礼英的生活发生了巨大的改变，起初经营杂货店的她主要向村中的人们出售日用品，而如今加入村淘网之后，作为"村淘合伙人"的郑礼英将杂货店改为了"村淘工作站"，现在专门替人代购，各种各样的包裹堆满了杂货店，从下单到快递送达平均用时三天。如今掌握电商技能的她和姐姐一起在农村淘宝网上开了网店，经营起了村子里的土鸡蛋、土蜂蜜、灵芝片等土特产生意。

++

如今像郑礼英这样农村淘宝商家有很多，电竞巨人的下乡之路在第一年就已经表现不俗，农村的生活也在产生巨大的改变。

⌘三板斧："特色中国"+"淘宝村"+"千县万村"

阿里对农村的巨大的潜在价值有着清晰的认识，对于农村电商的布局已经准备了许久。中国统计局发布的数据来看，截至2014年年底，中国约13.7亿的人口总数中约有6.2亿人为农村常住人口。根据CNNIC（中国互联网信息中心）发布的统计数据：国内约6.5亿人的网民中位于农村的占1.8亿人，但是网购用户数量却以40%的年增长率在迅速增长。2014年，淘宝网的总交易额为2.4万亿元，而来自三四线的城市总消费规模增长了57%。相比于城市的日趋饱和的电商市场，农村电商迎来了发展的黄金时期。

早在2010年，阿里就在淘宝网上线了"特色中国"板块，尝试着让农民将一些带有地方特色的产品在网上售卖。从最初只有3个的"淘宝村"，2013年增长至20个，到了2015年数量增至211个，阿里的农村电商变革了农村传统的生活形态。

取得这些成就的阿里没有满足，而是加快布局：2014年10月底，阿里启动"千县万村"计划，推出农村线上交易平台——农村淘宝。董事会主席马云表示：未来的3～5年投入100亿元用于1000个县级运营中心及10万个村淘服务站的建设。

基础设施的建设是阿里未来农村电商收获巨大效益的重要依托。而马云的竞争对手马化腾也对农村给予了高度的重视，马化腾曾公开表示："农村是金矿。"随着移动互联网技术的迅速发展，电商企业纷纷开始进行农村战略布局。

✂ 搬开物流绊脚石，建立农村电商生态

从 2014 年开始阿里进行了一系列的农村电商布局，意在形成一个阿里专属的农村电商生态系统。阿里引进技术与人才，建设仓储设施，与政府合作在农村搞基础建设，菜鸟物流、阿里旅行、淘宝大学等对农村电商的发展具有重要的意义。

对于中国的一二线城市的居民来说，网购已经成为生活中不可缺少的一部分，但是农村却大不相同，许多人没有接触过网购，对于一些村民来说，不是没有钱，而是有了钱却买不到自己想要的东西。

购物路途远、物流缓慢、产品质量得不到保障是制约农村电商发展的重大难题。对于有着深厚的电商底蕴的阿里来说，物流是这场生态之争的关键所在。线上交易的流程与电商模式的改变却都要回归到用物流将商品送至消费者手中这一环节。

当前，除了中国邮政之外，其他的民营快递在农村的覆盖率达不到 20%，这使得零售商业体系在农村的发展受到严重的限制。反过来农村较小的网购规模，使得快递要承担较高的成本，物流的建设自然就会迟缓，如此下去只能是恶性循环。

"无物流，不电商。"物流在电子商务发展中具有举足轻重的作用，电商下乡也离不开农村物流体系的建设。因此，阿里巴巴从战略层面出发，通过注资日日顺、与邮政进行战略合作以及继续扩大已有的菜鸟网络覆盖面等方式，积极铺设一张可以辐射全国的物流网络，以便在农村物流的"最后一公里"布局中抢占优势，为电商下沉到农村提供有力的物流保证。

阿里解决这一问题选择从两方面出手，一是物流，二是订单。尝试从箭头

的两端进行突破，物流这一端有县级运营中心负责，而订单通过村淘工作站的代理人完成。

村淘工作站作为辐射区域线下的代购站点。“代购”在农村淘宝有了新的意义，初始阶段是在村内寻找合适的小卖部、杂货店等作为村淘工作站，负责这一区域的代购。经过两年的发展，现阶段则是寻找那些在外地的青年回乡创业，由这些创业者负责某一区域，资金链上有蚂蚁金服给予支持，电商技能上利用淘宝大学进行专业的培训。

从目前的情况来看，许多的年轻创业者热衷成为“村淘合伙人”的原因在于：他们希望可以发掘出更多的特色农产品的商机，而后自己在平台上开店进行特产代购，赚取佣金。

村淘工作站的背后有着众多的资源作为支撑，除了阿里旗下的十几个分公司进行直接或者间接的支持外，政府与商会组织还会进行帮扶。截至 2015 年 5 月，这些村淘合伙人中有 20 人月收入超过 4000 元，最高的月收入可达 15000 元以上。阿里集团的副总裁孙利军表示：如今每次招募村淘合伙人，最少也能吸引上百人前来应征。

县城运营中心是连接物流双方的关键，其中配有 1000 平方米的仓储设施，并且配有专门的负责培训、营销的办公室，菜鸟进驻整合物流合作者，有效改善农村电商物流不能送货上门的痛点。阿里目前对于县城运营中心提供长达 5 年的免费使用期，单笔的订单成本也从之前的几十元降至 5 元。

2015 年 7 月，阿里集团的 CEO 张勇在中国第二届县城电子商务峰会上指出：统一标准的自营物流体系建设要耗费巨大的资源，而且效率也得不到明显提升，应该采用当地的卡车或者是公车，在闲置之余负责一天一次的包裹运输。

菜鸟物流成立之初，许多人认为是阿里是在借着政府对于发展电商的支持而进行变相的“圈地”，不是真正进行快递物流的建设。而阿里如今的农村电商物流的发展有利回击了这一观点，阿里借助于线上注册用户的庞大流量在数据库具有巨大的优势。菜鸟物流出资补贴运输成本的同时，也在承担整合协调者的角色。

物流的问题如果能够解决，其他问题的解决就相对比较轻松了。2015 年 6 月 18 日的年终庆典中，全国 1000 多个农村淘宝工作站，累积下单数量上万，几千台家用电器通过此方式交到消费者手中，而且这其中还有 65 寸的超级液晶电视。

✂ 吸引年轻人回流创业，发展特色县域经济

阿里的农村电商生态建设以完善农村电商的基础设施为依托，招募村淘合伙人吸引人才，为青年提供了回乡创业的机遇，为推动发展特色县域经济做出了巨大的贡献。

农村电商的发展正迎来一个快速增长的时期，它带给社会巨大的变革，阿里的村淘合伙人的招募及服务站的建设给予农村返乡创业者巨大的机遇。阿里的 CEO 张勇表示：**阿里把电商的环节打通，提供一个交易、支付、服务为一体的综合电商平台，将发展的机遇给予有梦想的青年创业者。**

农村中有着庞大的人口数量，潜在的电商发展价值难以估计，能充分推动我国经济的快速发展。新时期，电商实现产品的需求方与供给方的无缝对接，农村电商与“互联网 +”的深度融合将会使农村电商爆发出巨大的能量。未来，阿里能够依托政府的政策支持，为创业者搭建公平有序的创业平台，将大众创业、万众创新推进到中国经济发展的各个领域。

与苏宁联姻，看准农村家电市场

2015年8月10日，阿里与苏宁共同宣布双方达成战略合作。其中，阿里将以183亿元占苏宁总股本的19.99%参与苏宁的非公开发行，在这之后阿里成为苏宁的第二大股东。苏宁以140亿元认购了2780万股的阿里新发行股份。双方在未来将会展开全方面合作，将会为国内外的消费者提供更为综合的商业服务，促进中国的零售行业发生巨大的变革。

阿里作为当前发展最为迅速的互联网巨头之一，与传统零售行业中的佼佼者苏宁全面结合，将会整合线上与线下的资源进行重新配置，为阿里建设生态型农村电商迈出坚实的一步。

2014年，阿里启动"千县万村"战略计划，农村淘宝服务站在全国各地如雨后春笋般涌现出来。而后各大商家在农村展开了广泛的布局，目前形成了一个多方竞争的态势，其中阿里的农村淘宝在国内建设了2000多个网点。苏宁则在农村开设了287家苏宁易购直营服务站，下一步苏宁将会通过合作网点、拓展加盟、代理等方式加快服务站的建设速度。

这些巨头们的广泛布局使农村电商市场展现出了巨大的消费者潜力，推动了农村消费者的购物需求。更多的商家开始加入这场布局之战中，对于家电企业农村市场的开辟无疑是一次重大的发展机遇。

城市的家电市场发展已经日趋饱和，商家所能做的就是维系已有客户，农村市场给这些商家提供了一个可以开辟的领域。在农村电商发展的大趋势下，信息流、商品留及物流的建设无疑会使家电企业直接对接发展前景最为广阔的大众化需求。

根据阿里统计的数据来看：大型家用电器无疑是农村淘宝商品品类中的宠

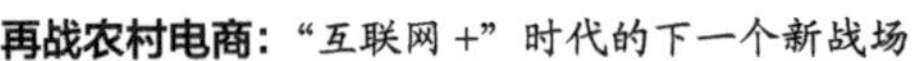

儿。2015 年农村淘宝"6.18"促销之日，国内农村淘宝服务站累积售出 12000 台大家电，占据销量排行榜前三的为热水器、平板电视、洗衣机。阿里与苏宁的战略合作无疑会使阿里在 3C、家电等产品领域占据巨大的优势，而较高的 SKU 丰富度与价格优势可以让消费者用更低的价格去购买更为多元化的产品，而方便快捷的售后服务将会使消费者获得极致的服务体验。

阿里研究院预计，2016 年国内的农村网购市场规模将会达到 4600 亿元，而农村电商发展的最大关键问题还是在于物流。阿里此前投资海尔日日顺就是为了在国内形成一个可以覆盖电商产品的仓储、物流、配送及售后的一体化服务网络。而菜鸟网络争取将 5～8 年建设覆盖全国的开放型及大众化物流基础设施。苏宁所拥有的 8 个全国物流枢纽、57 个区域配送中心以及 352 个城市转配中心将会帮助阿里重构农村电商格局，推动农村经济的迅速发展。

（1）组织保障：成立专门的涉农部门

农村电商不是一蹴而就的，而是涉及企业多个部门和多种资源的有效整合协作。因此，在将涉农电商确立为集团的发展方向之后，阿里及旗下的相关子公司都成了专门负责拓展农村电商的部门，从组织上保障企业战略方向的有效施行。

一方面，农村墙体广告、大篷车、家电下乡等一系列市场推广行为标志着阿里正式开始布局农村电商市场；另一方面，基于"三农"问题的特点，阿里也在不断运用互联网模式开发农村和农业市场。

例如，2014 年 5 月，安徽农民、聚土地团队和阿里聚划算平台联合推出了"首个互联网私人定制农场"项目。这个被人们形象地称为"耕地宝"的项目，将百姓手中的"散钱"聚合起来进行再投资，投资者不仅可获得私人农场一年四季的无公害蔬菜，还可获得去当地旅游的免费门票和住宿等。"耕地宝"发挥了电商对生产要素的聚合效应，扩大了农业投资，是互联网思维在农业领域的尝试，也影响着传统农业的转型升级。

（2）政府支持：借助政府力量，推动县域和农村电商发展壮大

淘宝平台是依靠海量的中小企业及个人卖家，利用市场化的运作机制发展起来的。但是，与市场化程度较高的城市地区相比，我国广大的农村市场显然更为古老和传统，政府的权威和政策导向也具有更大的影响力。因此，在无法完全依靠市场化的运作实现农村电商的发展时，借助于政府的力量来以点带面，成为了阿里布局农村电商的最佳选择。

2014 年 7 月 3 日，阿里集合了全国 26 个省份的 100 多个县市的书记、县长等负责人，召开了被称为“县长大会”的首届中国县域经济和电子商务峰会，商讨如何推动县域电商的发展壮大。

同年 10 月 13 日，由浙江省人民政府指导，浙江省商务厅和阿里巴巴集团共同主办的“首届中国浙江县域电子商务峰会”在杭州举行，主要围绕农村经济改革与电子商务、农村电子商务的社会价值等问题展开讨论。在峰会上，阿里巴巴宣布将启动千县万村计划，在 3 ～ 5 年内投资 100 亿元，建立 1000 个县级运营中心和 10 万个村级服务站。

从当前已建成的服务站来看，它们都以“农村淘宝”为统一的主题标示，通过整合利用农村小卖部的资源，提供网上代买、网上代卖、网上缴费、创业培育以及本地生活五大服务项目。正是以这些县级运营中心和村级服务站为基点，阿里顺利地将供应链和服务体系下沉到了农村，促进了“网货下乡”和“农产品进城”的双向流通，推动了农村生产和消费方式的转型升级。

正如阿里执行副总裁曾鸣指出的：通过电子商务的模式，可以把更多的经济收入留在农村、乡镇、县里，使之更有能力去维护好生态和环境；另一方面，电子商务又把海量的商品以廉价、便捷的方式带到广大的农村，大大促进了农村实际消费能力的提升。这样，就形成了一个良性互补的循环机制，让广大的农村地区焕发出新的巨大活力。

马云所要建设的农村电商生态系统如同一幅恢弘的巨作，广泛的战略布局以及与政府的深度合作，使农村的网民们重新定义"买"与"卖"。这个生态系统带来的影响将会变革城乡生态，而当前困扰国内发展的农场内就业、人口老龄化以及留守儿童问题将会得到有效的改善。

阿里的生态建设之路目前已经初具规模，截至 2015 年 6 月，农村淘宝已经惠及国内 17 个省，63 个县级服务中心已经建成，1803 个村级服务站也已经完工，目前正在优化仓库的规模以村淘工作站的位置分布等问题。蚂蚁金服在 3 年内将会拿出 300 亿～ 500 亿元的资金用于创业者后端贷款的资金支撑。

阿里的生态建设之路距离完成还有很长的一段路要走，在这其中的阿里应该注意几方面的问题。例如，**村淘的消费者的购买价格能否保证为最低？商品的 SKU 丰富度是否能够支撑起庞大的市场需求？相应的产品售后服务是否能跟上发展的速度？金融服务是否有配套的监督管理机制？**这一系列的问题将会是摆在阿里面前的重重障碍，而阿里凭借这些年积累的深厚底蕴将会在时间的见证下给出一个满意的答案。

京东：县级服务中心 + 京东服务帮，加速农村市场渠道下沉

电子商务自从登上历史舞台，发展势头就呈星火燎原之势，如今已成为我

国新兴产业的中坚力量。在如此迅猛的发展势头之下，各类城市的市场已经日益饱和，农村成了各大电商新的战场。

京东作为电商巨头之一，自然早已开始了其发展农村电商的战略，到了 2015 年更是加快了进军的脚步，推出了多种举措以加速渠道下沉。

尽管城镇化进程不断推进，我国农村人口所占比例逐渐下降，但农村网民却随着互联网的普及而不断攀升，所以农村已成为新的蓝海市场，各大电商纷纷开始了抢滩布局。

作为如今的兵家必争之地，农村电商领域有着无穷的潜力在等待着挖掘，其发展前景足以与跨境电商比肩。电商的主战场——城市在近几年的快速发展中，已基本释放出了其自身的潜力，增长的速度已然放缓，然而已经上市的大多数电商企业却不会满足于此，而是要更进一步地追求发展的高速度和持续性。如今电商的新蓝海已然出现，嗅觉灵敏的电商企业当然不会错失良机。

近年来随着政策向农村的偏移，新农村的建设已渐入佳境，加之城镇化发展，所谓的 4 ~ 7 线城镇迎来了发展的春天。在幅员辽阔的中国大地上，上述地区有着广阔的辐射范围，如果能够得到充分利用，必将拧成一股不容小觑的购买力量。而随着互联网的进一步普及，网购的习惯已经蔓延到了广阔的农村地区，农村电商已经蓄势待发，电商企业抢滩新市场已是必然。

✂ 渠道下沉：抢滩农村市场新蓝海

目前，电商巨头的农村市场争夺战已经打响，但要真正做到渠道下沉到乡还需跨越过重重阻碍，为此他们都使出了浑身解数。而京东对此则是做了两手准备，并使之互相补充，这就是京东抢滩新蓝海市场、促进渠道下沉的战略——县级服务中心和“京东帮”服务店。

其实早在2014年，京东就推出了一个名为先锋站的计划，主要是从京东的配送体系中选拔出有潜力的员工，并对其进行业务、管理等培训，合格后便派遣到区县去独立负责整个区县的配送，而这些员工就是京东渠道下沉的先锋站长，选择的区县多位于偏远地区。正因如此，这些先头部队几乎都是处于创业的状态，等业务量有了一定的规模且稳定之后，先锋站就会被调整为自营站。

在此基础上，京东启动了农村电商的战略布局，向公众宣布要招募乡村代理人，仅仅一个月的时间就招募了上千人。这种形式对于京东品牌的推广来说有着极大的优势，比传统的标语口号式的传播要更加直接。更为难得的是，乡村代理人的招募不仅能够解决广大农村地区的物流配送问题，还能够树立起创业范例，带动更多的农村剩余劳动力就业。

事实上，打通农村地区的流通渠道除了能够扩大物流配送范围之外，还与京东的另一优势自营采销有着极大的相关性。因为我国幅员辽阔，不同地区的农村有着不同的特产，京东正好为广大农民群众提供了一个农产品流通渠道，在为其节流的同时又提供了开源之路。这种农产品从农田直通城市餐桌的通道减少了中间商的利润，既降低了城市居民的购买成本，又提高了农民的收入，可谓皆大欢喜。

如今，农村电商的新蓝海已成各大电商全力奋战的新战场，京东自是铆足了劲地推进其渠道下沉。当然，在实际运作中难免会碰到这样或那样的问题，但是对于物流配送经验丰富的京东来说，解决这些问题也只不过是时间问题。

县级服务中心：积极推进农村电商战略

在被称为"农村电商启蒙年"的2015年，京东推出了"县级服务中心"并将之视为撬起新市场的杠杆，其中选址、设备及人员等一应事务皆有公司打理。

服务中心的管理人员即乡村主管，需要对本区域内的业绩进行负责，因其市场的特殊性，所以要求乡村主管必须对乡村生活有一定的了解，同时还要具备一定的市场营销能力，这样才能够在与客户面对面沟通时拉近彼此的距离，且能保证沟通效果。因为乡村推广员身兼数职，集销售、售后、配送、信贷等各种业务于一身，所以对其素质的要求是比较高的，服务中心就承担起了招募、培训、管理这些人的重任。另外，各区县潜在的农村消费者对互联网应用的熟练程度有限，因此代客下单也成为服务中心的一项重要业务。

除此之外，服务中心还要和京东帮守望互助，协调双方的功能匹配，使之能够通力合作，及早解决“最后一公里”的配送难题。

经过培训后上岗的乡村推广员如同离开了蒲公英的种子，被吹向了全国各地的各个村落，并在当地生根发芽，将京东这一品牌推向了农村腹地。而因这些人的管理、培训、考核都是统一进行的，也就保证了其基本素质。在铺设县级服务中心之初，京东就已经定下了 2015 年的总目标，即要有超过 500 家的服务中心开业，数万名乡村推广员奋斗在第一线。

这无疑是京东抢滩农村市场、服务农民群众的巨大梦想，而县级服务中心就是实现这个梦想的落脚点，是奋战在最前线的乡村推广员们的有力后盾，并为他们提供各项支持与服务，使得京东电商下乡的脚步迈的更为坚定。

那么，一个县级服务中心究竟做到何种地步才能够保证那些散落在各个村落的“蒲公英种子”们得以茁壮成长呢？或许，我们可以从宿迁市来龙镇这个示范标兵中寻找答案。

++

在农村电商启蒙年的年初，京东的县级服务中心就在全国多个县市正式开

业了，宿迁市的来龙镇服务中心就是其中的一家。该镇下辖的每个村庄都配备了两名推广员，利用最为传统也最容易被农民接受的传播方式进行品牌宣传。同时，京东还在进入镇子的路边显眼处设置了广告牌，通过标语来告知本地的村民推广员的存在。

而在村内则张贴了具体的下单与售后等流程，村民可以根据这些科普了解到如何下单、遇到售后问题该怎么办等。除此之外，那些与网购相关的信息、京东客户端的二维码也被置于最方便且显眼之初，同时还教村民如何利用手机购物。

由于农村地区蕴含的无穷潜力，京东这一服务中心取得的效果是极为显著的，时间仅过去了半个月，此区域的各个乡村就都得到了覆盖，有 100 多名群众成了乡村推广员，每天产生的订单有数十单。

如前文所说，县级服务中心就相当于京东的一个有力杠杆，为之撬动农村这一蓝海市场。而京东这一战略无疑是改变了占据中国人口极大比重的农民的生活及生产方式，不仅使他们成为了网购新的生力军，还为他们找了新的农产品销售渠道，切切实实使农民得到了实惠。

++

这一由京东所创的全新模式，使得农村电商有了较为迅速的发展，也使得电商在农村的发展有了因地制宜的运作模式。而县级服务中心又能够在一定程度上引起相关企业的扩散，为当地的经济发展起到积极的推动作用，最终还能促进自身在农村电商领域的进一步发展。

"京东帮"服务店：突破电商下乡"最后一公里"

物流对电商发展的重要性不言而喻。京东最大的优势恰恰就在于其自建的物流体系，这为电商下乡提供了极为强大的物流保障和竞争优势。

在将渠道下沉作为集团的战略发展方向之后，京东在 2014 年开始将仓储运营中心、配送站、自提点、自提柜等不断地下沉到区县乡镇。根据统计，截至 2014 年第三季度，京东自建物流体系的覆盖区县数量已达 1885 个。提供当天送达的“211 限时达”服务和次日达服务的覆盖区县数量，也由二季度的 111 个和 622 个分别增长至 130 个和 815 个。

另外，在 2014 年 12 月与格莱珉战略合作的发布会上，刘强东提出了要在 2015 年 6 月底之前发展 10 万名村民代理，覆盖中国 10 万个村庄，从而搭建起相对完善的农村配送体系。

所谓“京东帮”，指的是为京东商城第三方入驻的卖家提供电子商务产品与服务的一个平台。在京东推行农村电商的战略中，“京东帮”模式可以与县级服务中心并称为双剑合璧，以大杀四方之势力战电商群雄，抢滩农村市场。而“京东帮”服务店的主要使命就是解决农村电商发展的制约问题——“最后一公里”。

2015 年伊始，京东就将首家“京东帮”服务店落户到了江苏省沭阳县，到了 4 月其发展战略已经布局到了云南禄劝彝族苗族自治县、通海县等地。同县级服务中心一样，“京东帮”服务店的目标市场同样是广袤的农村地区以及各小城市，但经营业务有所区别，主营大家电业务。可以说，两者携手使得农村电商真正走入了农村的千家万户。

其实，严格说来，“京东帮”服务店并不是隶属于京东体系，两者只是合作关系，只是主营业务是其自营家电罢了。大型家电在网购领域是有着自己独特需求的，例如在配送、安装以及后期维修等方面，即便是城市内也不可能做到完美，更不用说在农村地区了。而“京东帮”服务店的出现就针对性地解决了这一问题，使得广大农村消费者能够同样获得家电一站式服务。

具体而言，上述两种不同的模式虽各有侧重，但两者的互相补充却像双剑合璧那样能发挥出更大的作用。县级服务中心如开路先锋一样在农村电商的市场上一往无前，凭借着自身的各种功能来扩散电子商务的辐射范围，将数量庞大的农村消费者纳入到电商体系之中，而乡村推广员们也不辞辛苦地深入到各地的小村庄里，使京东的配送体系覆盖范围延伸得更广。

在我国，农村居民不像城市居民那样比较集中，在同样的范围之内订单密度就很小，这就在一定程度上增加了配送成本，所以很多物流公司只能忍痛放弃这一市场。同时，农村消费者接触互联网的时间并不长，再加上与一直以来的购物习惯有着极大的不同，使之对网购既好奇又担忧。

（1）自营采销体系，让农村特产"走出去"

对于很多县市和农村地区来说，普遍存在着"有好的产品，却无好的运营团队和渠道"等问题。针对这一情况，京东在开放地方县市特产馆的基础上，选择优良特产进行采购自营，以解决优质特产缺乏销售渠道的难题。例如，2014年9月，京东作为阳澄湖大闸蟹唯一认证的电商合作平台，将阳澄湖大闸蟹直送到消费者的餐桌上，把原产地直供做到了极致。

（2）"星火试点"与"千县燎原"：探索农村电商新形态

2014年11月，李克强总理在听取京东集团CEO刘强东发言时表示："村里人也应该与城里人享受同样的消费服务。"对农村电子商务的发展和京东电商下乡表示了高度关注并寄予厚望。因此，京东的农村电商战略不仅是让广大农民变成新的网购消费者，更多的是帮助他们利用电子商务改变生活和生产方式，以实现"带动工业品下乡、促进农产品进城"的国家战略。

为此，京东提出了"星火试点"计划，作为集团农村电商布局的桥头堡。该计划主要针对国家推进的电子商务下乡综合实验项目，在全国的55个试点县进行探索，以寻求适合中国县域电商化发展的京东模式。2014 年 12 月 21 日，仁寿县人民政府成为京东“星火试点”的首个签约地区。该地区的农村消费者将与城市消费者一样，享受京东正品行货、快速物流等优质服务；同时，仁寿的特色农产品也可通过京东平台销售全国。

除了“星火试点”之外，为加快农村电商布局，京东还在全国范围内全面启动了“千县燎原”计划。主要是选择一批政府重视程度较高、电商发展基础较好、特色物产相对丰富、自建配送覆盖的县市，作为集团 2015 年电商下乡的重点拓展区域。

总之，与其他电商相比，京东具有自建物流、自营采销体系、全供应链管理等天然优势。特别是通过县级服务中心和“京东帮”服务店这两种优势互补的创新经营模式，京东商城的全业务得以无缝覆盖全国县乡级农村市场，也成功开创了农村电商业务的新形态。

这些农村电商前进路上的绊脚石也正是其痛点所在，如今，京东在此方面已经迈出了关键性的一步，至于能否真正迎来农村电商的春天，且让我们拭目以待。

顺丰：依托顺丰优选平台，实现农村电商一体化发展战略

顺丰“嘿客”便利店于 2014 年 5 月正式在全国启动，顺丰的这一举动意味着其整个布局的全线整合，即“顺丰速运 + 顺丰优选 + 顺丰移动端布局 + 金融 + 社区 O2O 服务平台 + 农村物流”，顺丰优选和顺丰速运的全面布局步伐进一步加快。

那么在这一系列举动背后，我们能清晰地看到王卫以及整个顺丰环环相扣的商业布局，尤其表现出了对农村电商格局的高度重视。

++

★打通物流渠道，逐步渗入电商。

★从常温高端食品逐步到低温生鲜。

★从一线城市逐步向二三线城市及农村渗透。

★布局从B2C到C2B。

★平台建设以B2C为开端，然后启动多平台战略，依托顺丰"嘿客"便利店尝试O2O，最后打造开放平台。

++

顺丰的布局风格复杂却又条理分明，每一步都有自己的理由。从中我们不难看出王卫发展企业的风格：稳扎稳打，条理分明，抢先一步。在对商业布局有了一个基本的了解以后，我们再来探究另一个问题：在这些商业布局中，顺丰是如何通过每一步有效推进农村电商布局的呢?

深入解析顺丰优选运营模式

顺丰优选在全国率先启动全网布局生鲜平台，其商业模式在短短两年的时间内不断优化升级。

（1）以传统的B2C模式作为切入

顺丰优选在发展之初作为王卫独立开发布局的B2C，从物流到电商都是走独立路线，与顺丰快递的系统分离开来。

++

★定位：产品定位主要针对于国内的高端市场。

★**品类**：最初产品就覆盖了食品的九大品类，但是单位库存量仅为 7000。

★**物流**：最初启动的半年时间里，物流的覆盖面仅限于北京。

++

2012 年，顺丰优选一直采用独立的 B2C 运营平台，团队和整个供应链都在发展的过程中不断磨炼和改进，直到 2013 年才逐步渗透到全国。值得我们注意的是，顺丰优选在成立之初，顺丰速运就开始着手涉足冷链布物流的布局，这为其今后农村电商的发展打下了基础，因为农产品电商在配送的过程中对冷链有极高的要求。

（2）产地直采模式建立

顺丰优选于 2013 年启动了全新的生鲜产品供应链模式，就是产地直采。这种模式简单来说就是从生产到最后送到客户手中都是一个完整的闭环模式，从农产电商的角度来说具有控制物流成本、减少损耗等优点。该模式有以下特征。

++

★**预售方式**：产品采用“顾客先下单，基地后采摘”的方式，这样就大大减小了库存压力，同时也有利于资金的快速回流。

★**极速物流**：在下单之后 24 小时之内通过顺丰航空送到消费者手中，这样的速度是其他物流所不能及的。

★**有效控温**：全程冷链配送而非一直冷藏，对温度合理控制，避免温度太低影响产品质量。

★**优选采购**：顺丰优选有强大的全国布局作为依托，顺丰速运的员工可以深入全国各地为其寻找优质的产品和基地。以荔枝为例，顺丰优选的采购人员常在春节刚过便展开各地的调研及与供应商的合作，以便抢到“头茬儿”。

★ O2O 营销：顺丰优选可以说是O2O模式下发展生鲜电商的领先者，2013年和2014年，北方打响了荔枝大战。而顺丰优选把荔枝运送到北京，在地铁口进行赠送。这样大的手笔在口碑宣传上无疑抓住了食品产品推广的关键，令同行们佩服。

+++

由此我们可以看到，顺丰优选为了发展农产品电商在供应链模式上下足了功夫，使得产品能够以最快的速度送到消费者手中。

（3）建立特色农业馆整合模式

2013年12月，顺丰优选正式启动特色农业馆新模式，该模式对顺丰优选、顺丰速运和地方政府进行整合，形成"三位一体"的格局，抓住了农产品电商本土化的命脉，建立地方特产电商化运营的新模式。

+++

★采购优势：与地方政府联合建立"地方特色馆"，地方政府提供优质的产品基地，并提供政策方面的品牌支持，以产地直供的模式省去中间环节，控制成本的同时保证质量。

★运营策略：借助顺丰速运的员工对地方产品的质量和供销商等进行审核，再通过顺丰速运完成快速配送。

★营销平台：在产品销售和推广方面由顺丰优选提供平台。

★前端战略：顺丰优选在2014年4月开始布局农村市场，尤其是针对物流这一方面，对于农产品这种特殊商品来说，前端供应链接口由此被打通。

+++

结合本土特点发展地方特色馆，顺丰优选是继淘宝之后的第二家电商平台，目前已经在浙江、福建、新疆等地陆续上线。

（4）高端家庭蔬菜定制服务

顺丰优选推出一款针对于高端家庭的定制服务，产品主要是有机蔬菜，实行家庭宅配模式。

++

★基地整合：对有机蔬菜基地进行整合式合作，主要有北菜园、草鲜禾堂、维真和汇源。

★运营模式：客户可以根据自己家庭人口、喜好等状况，对有机蔬菜产品的数量、种类进行搭配，在一定范围内商品的种类可以任意调整。宅配为一周1～2次，客户可以根据实际情况随时致电调整时间。

++

有机蔬菜宅配是顺丰优选第一次尝试高端客户的定制服务，目前多服务于一线城市。据了解，未来顺丰优选还会在更多城市推送这一服务，并且推出以“顺丰优选”冠名的宅配卡。

顺丰优选以B2C切入，从产地建立直采模式，结合地方特色，并且衍生出高端定制服务，这对于农产品电商的发展起到了极大的推动作用。

✕预测顺丰优选的未来发展趋势

（1）营销策略：O2O多向营销

++

★快递精准推送：顺丰速递所拥有的几十万名快递员在地面绝对具有极强的地推能源，这也是其他电商望尘莫及的。顺丰速递所服务的客户以中高端为主，所以其地推具有极高的精确性。

★移动终端体验：这是用户体验的重要组成部分，包括顺丰微信、App、免费电话、快递员手机等待语音等，其中微信是最重要的终端。在快递企业中，顺丰速递最早表现出对微信的重视，充分利用微信的功能，下单、快件追踪、联系快递员等都可以做到。2013 年，顺丰包裹业务量超过 10 亿个。其中多为高端用户，并且都通过微信来进行体验。

★"嘿客"店的体验：这是顺丰优选在线下营销的重要平台，通过在社区建立综合服务平台，把品牌信息渗透到社区中去。

★全渠道营销：2014 年，顺丰优选开始跨界营销的尝试，联合海底捞、电台等模式，为用户带来多渠道的全新体验。同时在互联网营销中，顺丰以短短两年的时间积累了丰富的经验，做出了不少成功的案例。

++

由此看来我们可以预见，未来顺丰优选将继续推进全渠道多层面的营销格局。

（2）产品生产基地全线整合

顺丰优选做农产品电商已经建立了不少成功的模式，再加上本身就有高效的物流相配合，未来其很有可能对全国所有有价值的品类的商品进行全线整合，根据不同季节调整品类重点，进行精准营销，打造快速、完善、高效的供应链服务体系。

（3）冷链物流大规模布局

顺丰航空货运目前已经拥有 34 架货机，其中全货机 15 架。对于农产品电商，尤其对生鲜电商来说，冷链物流至关重要。目前，顺丰的冷链物流已经在全国全网大规模铺展开，而且布局步伐不断加快，未来顺丰很可能建立起全国速度最快、覆盖面积最广、服务类型最全、渗透最为彻底的冷链物流体系。据了解，顺丰的冷链物流平台还会逐步向社会化发展，对整个生鲜速配起到推动作用。

顺丰依托其强大的资源优势在冷链物流这个平台上傲视群雄，这也就意味着其在农产品电商的发展上占据了极大的优势。

（4）顺丰“嘿客”渗透末端社区

在农产品电商营销中，顺丰嘿客为顺丰优选渗透末端营销，包括末端预售、提货等，在生鲜农产品电商上优势明显。

生鲜农产品有足够大的市场空间，顺丰优选如果真的能够在以上4个布局上做大做好，那么发展空间将是不可估量的。我国有14亿人口，中高端消费者占不小的份额，如果这一部分人群的消费行为能够被顺丰掌握，那么顺丰帝国指日可待。

✕ 不同品牌之间的模式对比

（1）同1号店对比

++

★**采购**：顺丰采购是以原产地直采为主，1号店以沃尔玛体系为依托进行整合。

★**物流**：顺丰拥有自主的物流体系，1号店通过自建以及第三方合作建立快速物流网。

++

（2）同京东对比

顺丰优选和京东都有O2O的布局，均具备独具优势。此外，在采购方面都实行原产地直采的模式进行基地整合，京东整合北京周边的农产品生产基地，同时给新希望抛出合作的橄榄枝。二者的主要差异在于物流，京东的冷链物流刚刚起步，而顺丰自建已经渐趋成熟。冷链物流资金投入较大，周期较长，目前京东仍然在自建和第三方合作之间徘徊。

（3）同阿里巴巴对比

在农业电商平台的发展中，阿里巴巴是最早对其进行渗透的，但是时间的

优势并没有为其争取更多客户。在一年的运营中，其多利用社会冷链物流体系，但是淘宝、天猫等电商的客户大多还是利用顺丰的冷链物流体系。专业化和开放性平台为顺丰争取了不少客户。

从发展趋势看，王卫在顺丰优选上的布局是具有战略性的，体现了其在农产品电商发展上的前瞻性。

顺丰和顺丰优选不仅仅是简单的快递和生鲜电商的叠加，虽然平台化的进一步发展，**"顺丰速运＋顺丰优选＋顺丰移动端布局＋金融＋社区O2O服务平台＋农村物流"全面整合的布局将更进一步完善，尤其是在冷链物流布局和农村物流布局方面蕴含有重大的发展战略。**

通过对商贸、物流、互联网、大数据、金融支付和O2O体验的整合，其最终目标在于为客户打造一体化的生活服务，尤其是在农村电商领域以多渠道、不同层面的方式实现一体化发展。

顺丰的发展促使了我国生鲜电商、物流的前进步伐。从中我们不难看出，未来电商的发展中，物流将成为命脉。此外农产品电商更是一个空间巨大的市场，谁可以率先其拿下这个市场，就意味着在未来电商平台上独领风骚。

苏宁：发挥实体门店优势，推动农村电商O2O模式的落地

在一二线城市电商市场逐渐饱和、竞争更加激烈的情况下，越来越多的企业开始将目标转向了农村这个增量市场。移动互联网在农村的普及，O2O电商模式所推动的线上线下整合，以及国家政策层面的支持，也为农村电商的发展

创造了有利条件。

就当前来看，阿里、京东等互联网巨头都在通过各种手段，不断将渠道下沉至区县和乡村：从 2014 年年初的“刷墙”宣传战，到后来的物流配送系统的布局、服务网点的铺设等。然而，相对封闭的农村地区，并没有大中城市那样完善的电商环境；同时，网购等互联网生产和消费方式，对大多数村民来说也比较陌生。这些现实因素的制约，阻碍了农村电商的顺利落地，使很多互联网企业面临着“赔钱赚吆喝”的尴尬局面。

与京东、阿里等互联网巨头不同，作为传统商家的苏宁，利用其拥有的大量实体门店优势，通过积极的互联网化转型，借助于 O2O 的电商模式，推动着企业渠道顺利下沉至区县和乡村，做到了当前很多电商巨头没有做到的事情。

✖ 创新 O2O 连接内容，为电商落地提供资金支持

O2O 是通过人、商品与服务的有效连接创造价值。在大多数商家的 O2O 战略中，商品主要是指日常生活用品和家电等产品，服务则主要是指送货到家的线下配送、安装等内容。与传统 O2O 模式的产品和服务内容不同，苏宁云商联合中信证券，创造性地推出了 REITs 产品，将企业的门店、物业等不动产也作为商品进行交易。

REITs（Real Estate Investment Trusts，房地产信托投资基金）是一种以发行收益凭证的方式汇集特定多数投资者的资金，由专门投资机构进行房地产投资经营管理，并将投资综合收益按比例分配给投资者的一种信托基金。REITs 是房地产证券化的重要手段，有助于把流动性低、非证券化的房地产投资，直接转化为资本市场上证券资产的金融交易。

就苏宁的 REITs 产品来看，其独特之处在于，以苏宁 11 家门店为基础，但

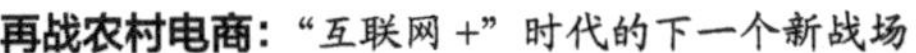

又并非直接持有苏宁云商的门店物业等资产，而是通过私募基金持有这些物业后，把私募资金的份额作为基础资产来支持证券。通过这种交易机制，苏宁可以有效盘活流动性低的房地产投资，降低资产负债率，增加营运资金，从而为企业落地农村电商提供大量的资金支持。

✕ 自营与加盟两种模式并举，推动渠道进一步下沉

农村电商的发展不是简单的"刷墙"和快递送达，关键是要借助各种线下资源，为村民提供更优质的服务，以此实现渠道真正下沉至农村。在线下实体服务方面，京东推出了县级服务中心和"京东帮"服务站；阿里通过"千县万村"计划，设立县级运营中心和村级服务站；苏宁则通过自营与加盟两种模式布局县镇网络，推动渠道的进一步下沉。

2015 年 1 月 23 日，苏宁易购首家自营服务站在宿迁市洋河镇正式开业，与此同时，盐城市龙冈镇的服务站也开门迎客。这标志着苏宁的渠道下沉开始战略加速，乡镇地区成为苏宁重点开拓的增量市场。据统计，洋河镇苏宁易购服务站在开业的 7 小时内，人流量就突破了 7000 人，订单量超过了 2700 单，销售额则达到了 30 万元。

这些数据显示，通过有效的线下服务，可以激发出县镇市场巨大的消费潜力，加快农村电商发展步伐。根据苏宁的战略规划，未来 5 年内，苏宁易购服务站将超过 10000 家，覆盖全国 1/4 的乡镇，彻底打通农村电商的"最后一公里"，帮助企业抢占农村电商市场。

✕ 苏宁易购服务站和新式乡村服务站：改造电商环境，培养网购习惯

发展农村电商，需要首先解决两个突出的问题：一是农村的人口密度较低，

属于物流的盲点区域，配送成本很高；二是农村居民对互联网消费形式相对陌生，还没有形成网购的意识和习惯。这是城乡经济二元分裂的结果，也导致了广大的农村地区无法共享互联网经济的发展成果。

为了促进电商落地农村，2014 年年底，国家财政部和商务部联合下发了《关于开展电子商务进农村综合示范的通知》，要求江苏等 8 个重点省份扩大电子商务在工业品下乡和农产品进城双向流通网络中的应用，实现线上与线下交易的融合；加快农村商业网点的信息化改造，完善网购、缴费、电子结算和取送货等服务功能，打通农村电子商务的"最后一公里"。

政府的大力支持，为农村电商环境的改善提供了十分有利的条件。2014 年起，苏宁把各地原有的 200 家乡镇售后维修点升级为新式乡村服务站，提供销售、物流、售后、客服等服务。面向县镇电商市场的苏宁易购服务站，也已经在全国设立了 1000 多家。同时，苏宁计划在未来 5 年内，使服务站的数量超过 10000 家，覆盖全国 1/4 的乡镇，从渠道层面打通农村电商的发展壁垒。

农村网购习惯的培养，主要是通过线下实体服务的渠道。而苏宁作为传统零售企业，无疑有着十分成熟的实体服务经验。同时，苏宁在线下拥有 1600 多家门店，线上苏宁易购也排名前三，是国内唯一一家打通线上、线下渠道 O2O 闭环的互联网零售企业。这是其他互联网企业无法比拟的优势。例如，洋河苏宁易购服务站的一位老年顾客，就在员工的帮助下，通过苏宁易购的客户端完成了在线商品选购。

传统门店不断优化与升级，门店 O2O 模式推动电商落地

苏宁云商上线以来，不断利用互联网思维对传统门店进行优化与升级，通过 O2O 模式打通展示、体验、支付、配送等一系列线上线下的全流程购物体验，

以更好地为客户服务，实现线下门店的互联网化转型。在区县乡镇市场，则主要是将原有的售后维修点升级为新式乡村服务站，为村民提供销售、物流、售后、客服等服务，推动渠道的进一步下沉。

农村电商的发展不同于城市，需要企业进行本地化的社群运营。当前，纯电商销售模式还未能在农村找到适宜的发展路径。相反，乡村市场更青睐的是依托实体门店服务的 O2O 电商模式。

因此，苏宁虽然是正在转型的电商企业，但在运用 O2O 模式落地农村电商方面，却有着互联网企业不具备的天然优势：（1）拥有 1600 多家线下门店，成为国内唯一一家打通线上线下渠道 O2O 闭环的互联网零售企业；（2）国内首个内部打通现代化物流 O2O 闭环的企业，且有向社会第三方开放物流资源的绝对实力；（3）2015 年，苏宁还在全国所有实体门店、苏宁易购服务站开通了移动支付功能，成为行业唯一一家率先打通 O2O 融合支付闭环的企业。

联想：10 亿元投资云农场，构建全新的农村电商产业链

2015 年 3 月 19 日，山东济宁市嘉祥县举行了一场联想控股战略投资云农场的签字仪式，联想控股高级副总裁陈绍鹏对于此次投资的资金及占股情况，只用了"千万美金级"和"具体数字不便透露"这种含糊的字眼一带而过。

资料显示，2014 年 2 月，"云农场"正式上线运营，它是由天辰云农场股份有限公司在我国创建的首家网上农资交易及高科技服务平台，提供一些农资商品（种子、化肥、农药等）、测土配肥、农技服务、农产品定制等多种服务，云农场自成立以来，得到了广大农场主的一致认可，也受到许多知名农资企业的

青睐，其中自营和商家入驻的比例大致相当。

目前为止，云农场设立的县级服务中心有 200 多家，村级站点共 16000 多个，山东、江苏、河南等十几个省都被覆盖在内。

※从农业电商产业链看农村电商发展

2010 年，联想控股开始布局农业，其中云农场、翼龙贷、佳沃集团、丰联集团都在它的旗下。

联想为什么对云农场的投资义无反顾？云农场的发展，为农业电商带来哪些启示？要想弄清这些问题，必须从整体上把握农业电商产业链。农业电商产业链结构如图 3-1 所示。

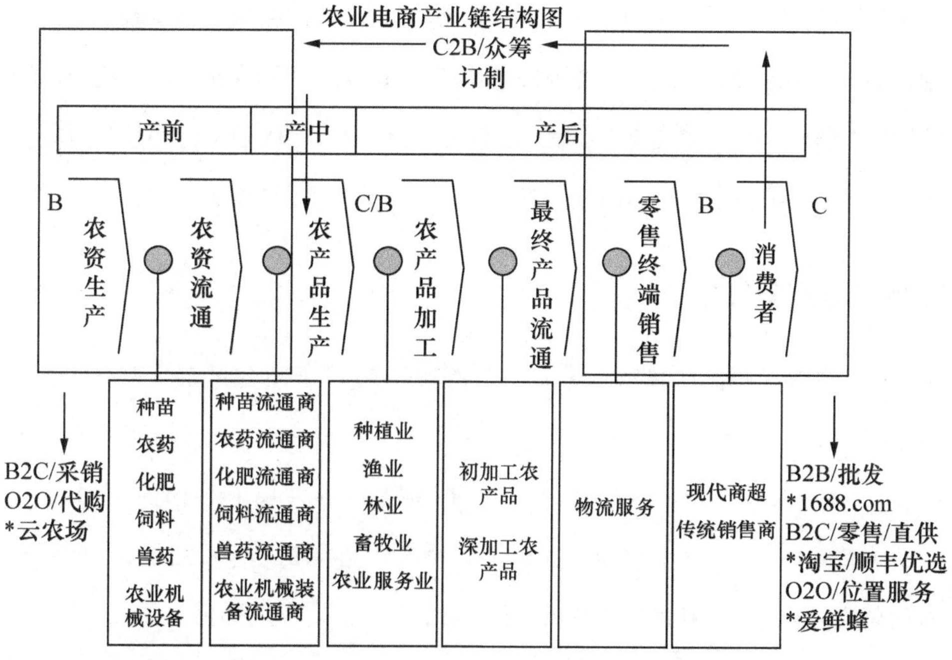

注：虎嗅制图，其中*指代表公司

图 3-1　农业电商产业链结构图

从交易层面看，传统的农业产业链包含上、中、下游三个层面：**一是上游，集中在农资贸易环节；二是中游，集中在农产品加工环节；三是下游，集中在农产品贸易环节。而物流和金融是贯穿整个农业产业链的。目前，农产品贸易环节中的电商和互联网渗透度最高。**

这一环节的主要服务对象是终端消费者，电商以综合电商（阿里、京东）和垂直生鲜电商平台（顺丰优选、本来生活等）两大电商为主导，社区 O2O 开始试水。其中，综合电商阿里巴巴将"淘宝村""遂昌模式""中国特色馆"组合，在农村电商引起的反响最大。

目前在农业电商中，农产品加工这一环节中的 C2B 或众筹的订制模式并不常见，因为这被认为是一种"逆城市化"现象。在这之前，沱沱工社农场就开始实施以精细化管理为基础的种植计划，每个农场根据自身的因素制定种植计划，消费者可以根据沱沱公社提供的各种有关农场作物的生长情况，对农场进行有效的管理。与农业批量产出的方式相比，该模式不仅效率低而且难以规模化，但是给了消费者一个可以亲自参与的机会，并从中得到乐趣。

✕ 农资电商新模式

针对联想控股此次战略布局，农资销售处于整个产业链的最上游有三点主要原因。

++

★**巨大的商机**。资料显示，2014 年，中国农资市场规模达 2.24 万亿元，野心勃勃的"大联想"对该领域早已虎视眈眈。

★**痛点创造机会**。由于需要农资产品的顾客数量大、相对分散，而且很多具体的产品，如种子、化肥、农药等都是市场供应量大于顾客需求量，再加上物流体系的不完善，所以互联网的改造势在必行。

★**农资是真正的刚需**。与农产品相较，农资更加标准化，受地域和季节的影响非常明显。此外，农资产品相对于农产品，在配送方面要求更低一些。

++

由于在农村地区，互联网还没有普及，互联网企业要想和农民打成一片，还需要一段时间。线上与线下协调有效地配合，以及对“三农”问题的整体把握，都会影响互联网企业的“下乡”。广袤的中国土地上，有270万个自然村落和1.76亿户农民，云农场作为兜售农资的电商平台，把村站作为开拓市场的根据地，对农民进行有关上网知识的普及，使之改掉不上网的习惯，使之在了解网络知识的基础上，感到网上购物的方便、快捷以及安全、实惠，从而消除对电商的种种顾忌。

当村民有想要的农资时，可以到附近的云农场村站购买，村民还可以咨询村站上的相关工作人员，更好地选择自己的农资产品，此外，村站还可以与其他村站合作，将农民的需求整合在一起，直接向厂家采购，为村民提供最低的价格。

根据上文我们知道，中国传统农资和农产品的销售需要经历多个环节，所以，交易成本很高。从厂家到经销商，加价10%；从经销商到分销商，加价15%；从分销商到农场主，加价20%。如此长的产业链，势必会造成高昂的价格。随着互联网深入到农村地区，“去中介化”正在对这条产业链进行缩减，就像互联网对其他产业的产业链进行缩减一样。互联网为厂家和顾客双方带来利益，这势必对传统农资销售模式造成严重影响。

在传统的农资流通过程中，赊账是导致恶性循环的重要原因：农民赊欠经销商，经销商赊欠农资生产企业，如此循环往复，赊欠数目越积越多，最后都不能收到全款。那为什么还允许农民赊账？一位经销商这样说：“你不赊他赊。”言语中透露出百般无奈。

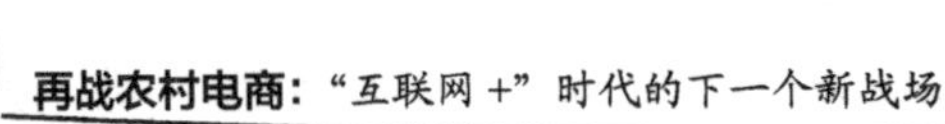

✕云农场模式的优劣

与云农场相似的企业有农一网、91农资网、农卖网等。云农场依附于上游的农资贸易环节，为农业生产者提供服务。根据国家统计局的数据统计，2014年，农资产品市场规模超过了2.2万亿元，中国的农产品和食品市场规模达到了9.3万亿元。

与农产品相比较，农资产品的标准化程度更高，而且，农资产品的销售受季节和地域因素的影响较为明显。除此之外，以云农场模式为代表的电商，在受到农民的文化水平以及生产场地的限制后，对线下服务站的依赖性很强。

云农场虽然是B2C在线交易平台，但它主要通过线下的服务站来完成工作。线下服务站的交易场景是：农民在购买农资产品时，可以到附近的服务站点向相关人员进行咨询，服务人员就会针对问题做出详尽的解答，然后帮助农民选择最合适的农资产品，并帮他们完成下单，之后，站点用网银把钱支付给商家，最后由商家发货。少数的种植大户，对网上购物、支付熟悉之后就会自行下单。

云农场的主要任务有两个：一是农资招商，二是培育服务站点。

++

★农资招商

云农场通过上门拜访和线下办会的方式，获得农资商家的青睐，从而入驻云农场，而这一环节的关键就是云农场要对农资商家进行"互联网思维"的灌输，只有农资商家对电商未来的发展趋势持乐观态度，才会入驻云农场，但是同时，农资商家对自己与线下传统渠道的关系很是担心。

★培育服务站点

农资批发商户以加盟的方式入驻云农场，一般情况下，服务站点的服务半径为2.5公里。服务站点的工作人员接受培训，农资商家把“代购费”返回，云农场服务站的主要盈利方式就是发展注册会员。

由此我们可以看出，在整个的交易环节中，云农场只起到连接农资供应商和服务站点的枢纽作用，而与农民的直接对接情况少，既有优势，也有不足。

★优点

传统农资贸易的中间环节被缩短，由此而带来的价格优势使得销售量增加，服务站点获取的利润增加，口碑越来越好，用户获取产品的价格也低。

比如，在嘉祥县万张镇云农场服务站进行考察时，负责人张建华声称，2014年6月，他加盟云农场之后，当年共卖出700吨肥料。在梁宝寺农场服务站时，负责人曹留德说，2014年4月，他开始经营服务站，当年一共卖出800吨肥料，还对2015年做出预计，预计能卖出1500吨肥料。至于肥料的价格，40公斤的沃夫特，农民通过其他渠道买要150元1袋，但在云农场，只需110元。

★缺点

服务站点对用户进行有关互联网知识的培训，教育成本高，而且支付环节烦琐，用户如果订取的货物较少的话，货物的配送效率也低，服务质量也不能得到保证。

++

与农业电商下游的垂直生鲜电商相比，用户对上游的农资贸易电商依赖性更强。大量用户在服务站下单会造成服务站的工作量很大，于是在代收、转付的过程中很容易出现失误。据悉，在农资产品的配送过程中，除了种子以外，肥料和杀虫剂都是有配送要求的。比如，订有肥料超过5吨时，用户成本才会比较低，而且货物的配送也快。服务站的服务人员基本上都是当地农民，他们的文化水平偏低、年龄偏高，而且缺乏解决问题的能力。

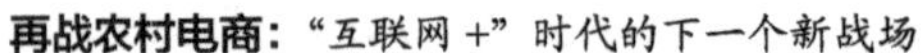

※传统农业产业链的变革之路

作为垂直电商，通过网上交易的大数据产生的增值服务，其实是云农场最为珍视的核心竞争力。例如，对数据进行挖掘、分析、整理之后，形成有价值的咨询信息，从而形成相关的金融产品，甚至可以通过对数据的分析建立一个"农产品安全指数模型"，农场主可以据此将不同安全指数的农产品卖给需要产品的厂家，从某种程度上可以保证中国的农产品安全问题。众所周知，中国市场上存在很多关于"绿色食品"和"有机食品"的安全问题。

从某种意义上来讲，农业产业链的有关变革，都是围绕解决粮食和食品安全这两个问题进行的，如吴立波所言："如果说互联网金融是互联网对银行钱的一种掠夺，那么，互联网农业就是通过互联网帮助农民赚钱，帮助城市人民吃上安全的食品。"

Part 4

农村电商 + 物流：

打破物流瓶颈，方能赢得万亿元农村市场

痛点 VS 机遇：构建完善物流网络，赢得万亿元农村市场

随着我国网购市场的不断扩大，在 2014 年上半年，网购市场规模已突破万亿元，城市网购市场趋于饱和。于是，网络电商们开始另辟蹊径，将目标锁定在了农村。

++

2015 年 2 月 6 日，浙江省奉化市中山路出现了第一家苏宁易购服务站，店铺的墙壁上几乎贴满了网购商品的二维码，顾客可以通过扫二维码进行网购或议价，这里的工作人员会对从未网购过的顾客提供指导和相关服务。

2015 年 2 月 9 日，浙江省宁波市余姚凤山街道出现了第一家京东农村服务中心，以往在幕后服务的京东"小二"开始走向前台为大家服务。

2015 年 4 月 15 日，宁波市奉化乡村出现了第一家农淘项目服务中心，阿里巴巴也开始在农村地区积极构建电商平台。

++

由此可以看出，农村电商市场将成为各电商巨头激烈竞争的焦点。

※电商巨头下乡圈地农村市场

不管是在国内还是海外，电商巨头们都已经使出浑身解数，让自己的市场占有率尽可能增长，获取更高的利润。然而，城市网购渐趋饱和，从一二线城市逐渐放缓的市场增长率就可以看出来，供经营城市网络的电商们能够榨取的利润已经很少，就在这种相互僵持的环境下，农村市场为各大电商提供了一片新的领地。

2014 年年初，各大电商——阿里巴巴、苏宁、京东纷纷开始进攻农村，第一步就是开展“刷墙运动”，借此向农民朋友们宣传自己的品牌。

（1）阿里巴巴

2014 年 7 月，阿里巴巴抢先在农村开启电商战略布局，将供应链深入下沉至农村市场，经过整合优势资源，借助菜鸟网络这一平台，推出覆盖范围最广的家电下乡服务，可以直达的县区有 2600 多个，乡村超过 50 多万个。2014 年 12 月，阿里巴巴又设定了“千县万村”计划：在 3 ～ 5 年内投资 100 亿元，建立 1000 个县级运营中心和 10 万个村级服务站。

（2）苏宁

2014 年，苏宁也开始在农村地区布局物流网络，建设自营服务中心，通过点状的乡村服务站，实现对农村市场的覆盖。苏宁为客户提供全面服务，从客户下单、“最后一公里”配送，再到售后维修等服务，让用户做到安心购买、安心使用。此外，苏宁还对外公布了下一步的农村电商计划，计划投资巨额资金用以建设农村物流网，用 5 年的时间在全国 1/4 的乡镇中，成立 10000 家苏宁易购服务站。

（3）京东

2014 年年初，京东为拓展自营配送体系，将渠道下沉至 3 ～ 6 线城市。

2015年，京东加速推进农村电商建设，在县级地区，成立"京东帮服务站"作为网点核心，开展电商网络服务，并计划1年之内构建千家农村电商网络。同时，京东还建立了"县级服务中心"，在乡镇建立了"乡村合作点"，通过乡村推广员，将电商渠道进一步下沉。

✂千亿红利待释放

各大电商巨头——阿里巴巴、京东和苏宁纷纷将触角伸向了农村市场，希望在农村地区赢得属于自己的一片领域，这当然是有因可循的，从目前电商行业的发展趋势来看，各大电商之所以把目标定在了农村，有3个主要原因。

（1）城市的市场增长率放缓

国家统计局数据显示，2013年，农村地区居民人均净收益比上一年高出了12.4%，而城镇地区居民的人均可支配收入比上一年增加了9.7%。同时，2013年，中国县级市场比城市市场的网购消费额高出13.6%。由此可以看出，农村市场的快速发展是电商们将目光聚集于此的重要原因。

（2）政策的支持给了电商们巨大信心

2014年年底，中央政策给出明确的指示，强烈鼓励各大电商"推动农村电商"，促进农村地区的发展。比如，中共中央国务院在《关于全面深化农村改革加快推进农业现代化的若干意见》中提出要建立完善的农村物流体系；2015年年初，中央一号文件也提出要完善农村物流体系，而且国家邮政局也提出启动"快递下乡"工程。这一系列的政策给了电商们拓展农村市场的决心以及信心，不仅为各大电商指明了未来电商的发展方向，也为今后农村地区的物流发展奠定了基础。

（3）农村市场广阔的发展前景

中国的农村人口占全国人口总数的近1/2，但是农村网民的比例却不足

30%，在网上购物的网民更是少数，不到10%。但是随着移动互联网的发展，就在过去的2012—2014年这3年期间，农村地区网民的数量不断增多，农民网购的比例也在不断上升，从淘宝网购数据我们就可以看出，2012年第2季度，淘宝农村消费占比为7.11%，到2014年第1季度，淘宝农村消费占比达到了9.11%。CNNIC第35次调查报告显示，截至2014年年底，我国网民规模达6.49亿人，农村网民规模达2亿人。阿里研究院曾预测，到2016年，农村网购市场规模很有可能达到4600亿元，如此庞大的市场规模成为网购市场的新增长点。

✂发展农村电商仍有瓶颈亟待解决

发展农村电商的好处显而易见，它不仅为电商们的发展提供了一个新的市场领域，更使广大的农民朋友从中受益良多。但是，由于农村地区本身的特殊性，使得农村电商必须克服重重障碍才能得到发展。辛普科技电子商务研究中心发现，电商要想在农村市场发展，必须克服以下三大瓶颈。

（1）农村传统的交易习惯

农村是一个相对闭塞的地区，而且农民对新科技了解甚少，所以“触网”意识薄弱。长期以来，农民习惯从附近的实体店，与售货人员面对面的交易中购买商品，对新兴的网购并不了解，对在线购买、挑选以及售后服务政策都很陌生，甚至觉得网上购物很不安全。所以，他们在一定程度上很难接受网购这种方式。此外，现在农村里的年轻一代大都外出上学或者外出打工，这种年龄结构的不平衡也造成了电商难以在农村地区普及。

（2）农村地区电商人才稀缺

在农村地区开展电商销售业务，需要精通电子商务技术的农民“卖家”。他

们不仅要了解农产品的特点和市场行情，还要能够专业地回答客户提出的相关问题。对相关知识缺乏了解，你就无法说服客户，让客户相信你的产品。对于网购方面，农民一年的收入不高，电脑对一些农村家庭来说是奢侈品，所以，有电脑的家庭屈指可数，更别说懂电脑的人了，在这样一种大环境下，农民很难参与网购生活中。所以，在没有专业的网络技术人员的指导下，买卖双方很难在互联网领域获利，这也是农村电商难以开展的一个重要原因。

（3）物流网络尚未成熟

由国家统计局数据可知，中国有 60% 的农村居民认为接收快递太麻烦，物流配送成为让农村网民担心的一件事。目前，“四通一达”、顺丰、邮政等快递行业在农村的营业点最多只触及乡镇，而且网点的布局还有待进一步完善。农村地处偏远、居民分散的特点制约了农村电商的发展。

因此，广阔的农村市场虽然是各大电商的垂涎之地，但若想在这片土地上获取利润，开发农村市场的潜力，各大电商必须认真走好每一步，做好长期备战的准备。

✂ 农村物流的三大机遇

2015 年，中共中央国务院印发了中央一号文件《关于加大改革创新力度加快农业现代化建设的若干意见》，文件中涉及“五个重大”，每点都关乎中国的农业、农村和农民问题。由今年的中央一号文件，我们可以看出，我国今年的工作重点就是强化农业基础、加快农业发展、促进农民增收。2015 年 1 月 30 日，杭州举行了首届淘宝大学县域电商服务提升班，与会者大都是县域电商经济发展的主力，由此看来，阿里巴巴已经着手向农村市场发起进攻了。

据 CNNIC 第 35 次调查报告显示，截至 2014 年 12 月，农村网民占我国网民总数的27.5%，网民规模达1.78亿人，与2013年年底相比较，网民人数增加了188万人。不管是从比率上还是数字上都呈上涨的趋势。所以，网上交易行为增多，必然会促进线下物流的发展，县域电商的发展也势必会促进农村物流的发展。

（1）冷链物流

农村经济的发展靠创新改革，农村电商的发展靠农村物流建设。目前，中国农村的物流主要是常温物流，在流通过程中，农产品的损耗问题应引起重视。

农产品的损耗会直接影响商品形象，使得商品的销售量以及未来的买卖行为受到影响，进而农民或经销商的利益受损。从最直观的方面来看，整个城市的贸易流通数字会受到影响。于是，利用有效的保鲜技术，减少农产品在流通过程中的损耗是一种有效的方法。

冷链物流的始端即农产品的原产地，冷链产品配送具有时效性，从农村产地向千里之外的销售市场配送的过程中，冷链的各个环节要具有高协调性，实现从农村产地到销售市场的无缝对接。

冷链物流进入农村市场需要企业投入更多的资金和人力，不管是借助第三方物流体系，还是自建物流体系，电商企业付出的成本都很高。基于此，政府应出台相应的政策来解决这类问题，如降低货物运输费用、便利的交通、取消不合理收费、优化中转配送环节以及提供运输货车停车位等相关政策。与常温物流相比，冷链物流需要投入更多的资金，产品价格自然也比较高，所以，物流企业和农牧业电商企业都可以向当地政府申请资金补贴。

（2）物流节点建设——完善农村“物流最后一公里”

网络电商进攻农村市场，由于物流体系建设还不完善，所以“门到门”服务还不能实现。要想让客户足不出户就能收到货物，物流节点的建设还需进一步完善。比如，为让村民可以方便地在线上购买农资产品，可以成立社区

服务站，同时，为使农村高品质的农产品或者土特产可以通过线上销售出去，农民也可以通过线上平台把自己的意见反馈出去，形成县域地区 O2O 闭环。传统的农民企业家或者本地的农场主都可以成为农村新网商，把更多的绿色农产品经过加工，输出原产地，然后通过完善的物流节点将产品信息汇总之后，配送至客户的具体地址，逐步实现农村物流"门到门"服务，壮大农村县域电商。

（3）整体供应链规划

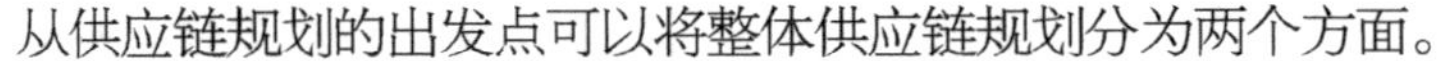

从供应链规划的出发点可以将整体供应链规划分为两个方面。

++

★**被动式规划**：围绕消费者的需求进行拉动式的供应链规划；

★**主动式规划**：围绕县域的主打商品进行推动式的供应链规划。

++

以县域电商为背景的供应链规划主要包括以下 6 个方面：

++

★**县域农牧产品商品组织形态**，如市场分析、地域产品分析、供应商分析等；

★**县域农牧产品标准**，如生产标准、产品推广标准等；

★**县域农牧产品品质检测监控**，如选择第三方检测、检测流程标准等；

★**品牌传播方案**，如事件营销等；

★**渠道建设**，如市场容量分析、制定渠道管理机制等；

★**适合农牧业产品的营销、仓储配送、售后反馈等**。

++

由此看出，县域电商的农村物流以及相对应的整个供应链体系将成为县域电商的建设重点。

 刷墙公司估值 10 亿元：哪一类物流企业能够获得商机

农村物流是相对于城市物流而言的，作为一个新兴领域，中国农村物流刚需的市场具备无限的潜力，具体来说则是工业品下乡与农产品进城所打造的双向物流平台使农村物流市场孕育着巨大的商业价值。据估算，中国农村物流市场所造就的物流平台规模可以达到 1000 亿元。

互联网的兴起与发展催生了众多新兴行业，而“互联网 +”则为许多传统行业带来新的商机，传统领域呈现出新的生机与活力。下面我们提到的“刷墙”案例将会带来某些启示。

++

某农村刷墙公司年收入几千万元，风投为这家公司的估值已经达到 10 亿元。在众多互联网企业抢占农村墙头的时代，该公司则以其良好的运营模式独占鳌头。

★看准墙体广告与农村互联网的紧密联系，为布局农村市场的企业提供刷墙营销服务。

★打造“网络村官”管理模式，即招募 20 余万名网络村干部，密切与村中上网用户的关系，同时展开线下推进，联合村民统一刷墙。

★提供一体化服务，即利用路演巡展、电影下乡等与企业展开合作，借用村委广播、农家店、农村旅游等方式进行推广，甚至还提供农村贷款、农村保险理财等服务。

★充分进行数据挖掘，整合了 1 万家小卖部，对乡村用户进行深入的分析。

★在实施策略上则是采用非常接地气的语言进行宣传，简单易懂。

++

一个农村刷墙公司的估值都可以达到10亿元，那么一个服务于9.5亿人口的全网农村物流平台的商业价值就不言而喻了。作为见证了农村电商、物流以及农特微商发展的物流互联网人，在此对农村物流市场的从业者或即将迈入该行业的人提供些许启示。

※中国农村物流刚需的市场规模

京东、阿里巴巴等电商平台以及顺丰、三通一达等快递领先企业的迅猛发展，与4亿多人的城市网购人群的超强购买力是分不开的，2014年的快递数量甚至达到了140亿件，而与此相对的，占据全国70%人口的农村网购物流需求潜力已成为众多企业挖掘的重点，农村物流刚需造就1000亿元级估值的物流平台不再是神话。

刷墙这种低频率需求的企业都可以达到10亿元的估值，那么汇集农产品与工业品的农村双向物流市场则是高频率的需求，其市场潜力是巨大的。

※阿里、京东、日日顺、顺丰如何布局

（1）阿里

面对潜力巨大的农村市场，阿里巴巴试图建立自己的农村电商体系和规则，为此马云提出"千村万县"计划，即在3～5年内投资100亿元建立1000个县级运营中心和10万个村级服务站，将农村电商代购与物流配送融为一体，为农村用户提供更加完善的服务。就目前来看，马云的农村布局仅在浙江部分地方试行，因为这种整合布局还需更大的市场网络给予必要的支撑。

（2）京东

京东深入农村市场的布局方式是联合"京东帮"设置县级服务中心。京东

的农村电商战略在 2015 年明显提速，京东在 2015 年 4 月宣布其县级服务中心已超过 100 家，乡村推广员人数破万，并计划在 2015 年开设 500 家县级服务中心。不得不说，京东的农村布局的发展速度令人惊叹。

（3）日日顺

日日顺在 2014 年以稳扎稳打的态度极速深入农村市场。据了解，日日顺拥有 8176 家门店，覆盖全国 2800 多个县市，建立了 24000 多家乡镇网点，打造了 O2O 送装一体的“物流＋服务”网络。日日顺与天猫的合作从根本上解决了困扰家电网购的配送安装难题。

（4）顺丰

顺丰布局农村市场是通过其所推出的城市快递员回乡创业计划来开展的，快递员回乡创业必然会带动顺丰的农村网络布局。在解决员工创业梦想的同时抢占农村市场，从而使企业收获更为广阔的农村物流网络。作为快递行业的领先企业，其布局速度也远快于“三通一达”。

（5）中国邮政

就资历来说，中国邮政是最具备农村物流网络的平台，但是国企体制却限制了邮政的发展。各省各地各自为政，战略思维不一致，使得全国超过 50 万个农村网点的平台未能激活，这导致中国邮政的农村布局甚至落后于某些民营企业。

通过上述分析不难看出，虽然企业的切入点各有不同，但是核心方向都是打入农村市场，大力布局农村物流网络。

※ 农村物流的死穴

农村物流市场存在巨大商机不言而喻，但是如何把握商机，切入农村市场？在商机背后又隐藏着哪些鲜为人知的死穴呢？

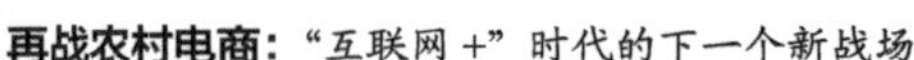

（1）农村物流网络建设与流量的问题

农村电商所处的成长期是我们需要把握的机会，但是此时的网络覆盖并不健全，某些单位行政村不支持物流配送，所以长远来看要搭建全网物流，而在试点时最好选择有流量基础的农村。

（2）农村物流要以O2O物流和多家快递流量聚合取代单一快递

由于农村市场十分广阔，单靠某一家快递必然不能满足农村消费者的需求，所以整合快递流量是非常有效的方式。就2015年当前的状况来看，县级快递站点大都实现了O2O物流与多家快递流量的聚合，但是实现全国各县域城镇的全面整合则是我们急需把握的商机。

除了农村电商物流，农资物流也是我们农村物流布局的重点，且农资多为线下产品，这就需要以村级站为基础，借助县级物流平台进行网络整合，从而推动整个农村物流市场的聚合。

（3）农村物流网络建设需要众包创业思维

建设农村物流网络不是单靠一己之力便可完成的，与农村刷墙公司的成功一样，也需要众包创业思维。刷墙团队一方面借助村官的力量密切与村民的关系，另一方面也调动了农村剩余劳动力，以众包的形式整合了智力与体力资源。对于农村物流网络的建设来说，众包思维既有利于农村物流市场的建立，又推动了新农村创业平台的搭建。

（4）双向物流是农村物流亟须解决的难题

农村物流市场之所以具备如此大的潜力，是因为我们在理论上将其设定为工业品下乡与农产品进城的双向物流平台，但是事实上双向对流的实现是有一定难度的，比如工业品下乡需要完善的配送服务，农产品进城需要快速的物流通路、低温冷藏设备，实现这些要求是有相当难度的。所以双向物流问题是导致物流资源浪费、单位商品流通成本居高不下的主要原因。

总而言之，农村物流市场处于成长期，其巨大的潜力不容忽视，我们需要在当前的最佳时机精准切入，并最终成为农村物流市场的领导者。

※ 哪一类物流企业最有商机？需要应用怎样的方法才能事半功倍？

农村电子商务的迅猛发展使农村物流看到新的商机，然而这也决定传统快递企业是无法把握这一商机的，而当前比较流行的加盟、直营模式也并不适合农村物流。对于运用何种方法才能使物流企业事半功倍，我们提出以下几点建议。

（1）县级是农村物流发展的基点

县级物流公司老板具备本地化的运营能力，对当地消费者的消费行为更加了解，他们的人脉基础也有助于各大企业切入农村物流市场。

（2）以创业孵化形式建设农村物流网络平台

以参股的形式带动县级城市物流公司老板进行创业，借此帮助他们统一品牌，实现规范化经营和系统管理。

（3）农村物流初期不要以赚钱为目的

要想最终把握农村物流，在初期所要做的就是建立完善的物流网络，布局农村 O2O 商业，这是农村物流赚钱的基础，只有布好局才能够有足够的想象空间。

（4）具备互联网思维的从业者是县级物流站点所需的人才。

在互联网时代，具备互联网思维的人才是农村物流布局中的重要内容，县级物流老板要为之后的商业拓展储备足够的互联网人才。

（5）整合理念驱动农业物流的布局

农村物流不是单一的某个快递或企业可以建立的，这需要以具备新思维的整合理念来驱动整体布局。

※5年后农村物流的趋势

就目前的农村物流的发展状况，我们甚至可以预见5年后农村物流的趋势。

+++

★百花齐放、百家争鸣将会成为未来农村物流主要趋势；

★新锐农村青年会将农村物流作为自己的创业方向，O2O零售+物流+新农业成为农村发展的新方向；

★阿里、京东将会收购整合农村物流的创业平台；

★独立"物流+互联网"企业将会成为农业物流布局成功的企业。

+++

随着互联网的发展，新农村已成为最具商机的领域，农村物流市场是服务于9.5亿农村人口的商业平台，1000亿元级的估值当真是受之无愧，而企业应当具备类似于"互联网+电商+新农业+物流"这样的跨界思维，这将有助于其抓住真正意义上农村互联网化的商机。

建立双向流通体系，农村物流发展之路应如何走

2014年7月，中国物流与采购联合会会长何黎明在接受采访时说："在电子商务领域，阿里巴巴牵头成立'菜鸟网络'，对未来电商物流生态将产生重要影响。"而在国际运输领域，中外合资推出跨境物流电商平台，充分利用领空和领海资源，将分散的国际运输资源整合起来，发挥最大效用；在家电物流领域，海尔日日顺物流建立了"送装一体化"的社会化服务平台，负责运输家电以及大件商品，

通过整合物流网、配送网、服务网、信息网四大网络，使物流体系覆盖全乡镇。

随着城镇化进程的加快，终端客户对物流服务的要求更严格，促使物流网络向二三线市场、居民社区以及农村乡镇延伸。在物流下沉的过程中，由于农村以及社区的经济条件、地理位置等因素，尤其重视冷链物流的发展。

但是，目前我国农村的物流发展还比较落后，运输成本高、效率低，制约了电商的下沉。解决农村物流滞后的难题可以从以下几方面着手。

✂ 抢占电商物流大市场

2013 年 12 月 9 日，阿里巴巴为海尔注资 28.22 亿港元，2014 年 3 月，顺丰优选入驻京东，再结合当下农村物流的发展情况看，未来，电商的下沉将是必然趋势。

2013 年，阿里研究中心发布中国“淘宝村”现状调研报告，报告显示至 2012 年年底，淘宝网＋天猫正常经营的注册地在农村（包括县）的网店数已高达 163.26 万个，其中在村、镇一级的淘宝网店总数已达 59.57 万个，经营农产品的网店超过 26 万个，有 14 个村的淘宝店总数超过 1 万家，年销售总额高达 50 多亿元。而截至 2013 年 11 月 30 日，淘宝网＋天猫农村（含县）网店数同比增长 24.9%，其中注册地在村、镇一级的网店数同比增长 76.3%。

随着城镇化进程的加快以及互联网的发展，电商下沉是必然趋势，农村物流市场的发展前景无限。

根据 2013 年阿里研究中心的数据显示，随着电商的下沉，以及农户网上购物习惯的养成；未来几年，将是农村电商的舞台，淘宝村的数量也会适时增加。此外，淘宝网也会在家居用品、服装、小商品的基础上向外拓展，经营多样化的产品。

发展农村物流至关重要，不仅可以满足农资的供给，还能满足农民日常生活的需求，更重要的是，发展农村物流，能够消除农民信息不对称的问题，提

高他们的收入。发展农村物流、加快农产品的流通速度、解决配送过程中"最后一公里"的问题，是农村建设的关键，有利于促进农业以及农村物流向现代转型。此外，发展农村物流，还有利于农产品的升值，从而提高农民收入。

✖ 建立双向流通的物流体系

农村物流与城市物流相对，主要是为农村居民服务，打通农村与外界联系的渠道，为农民的生产、生活以及其他经济活动提供物流支持。农村物流主要包括三大部分：**农业生产资料物流、日用工业品物流和农产品物流**。这三部分相互联系，共同为农民提供服务。

农村物流与其他物流不同的地方在于，农村物流是个双向流通的体系，在将农民生活、生产资料配送到村后，还承担着将农产品输出农村的责任。因此，农村需要建设双向流通的物流体系，既充分利用农村的现有资源，又打破农村的封闭状态，使之与外界相连。

✖ 第三方物流和共同配送模式是方向

在农村物流体系建设过程中，物流运营主体和配送模式是两个核心要素，决定着农村物流运营的效率。随着电商的下沉，农村物流也加快发展速度，并且运营主体也趋于多元化、多层次。在邮政企业、原有的交通运输企业和农资企业之外，又兴起一批规模较小的运输企业以及个体运输户，为农户提供专业的生产生活运输服务。

但是，从总体上看，农村物流目前还存在诸多问题，如规模较小、组织松散、物流网络覆盖面积小。此外，还无法充分利用农村现有的资源，导致运输效率低下，"最后一公里"的问题还没有得到解决，农村物流运营主体还无法满足农户的需求。

在建设农村物流体系的过程中，需要以培养农村物流运营主体为重点。通过运营主体与第三方电子商务平台相连接，引入现代化的配送模式，规范农村物流秩序，使之趋向专业化和规范化，同时，提高农村闲置资源利用率，节省时间和成本。除此之外，建设农村物流体系，还能为农户生产种植提供良好的市场环境，鼓励农村物流企业的发展，充分发挥其优势，为农村的发展、农户的生活服务。

大力发展农村物流的基础设施

基础设施建设是发展农村物流的关键，物流配送的整个流程都依赖于基础设施的建设。随着农村经济的发展，以及电子商务的下沉，农村建立起基本的物流运输网络。

但是在农产品生产的旺季，农村现有的运输体系还无法满足大量产品输出农村的需求，冷链物流发展滞后，无法保障农产品在运输途中的质量。此外，农村的基础设施建设比较薄弱，缺乏存储农产品的大型仓库，运输管理体系还不完善，资源分散，整合难度大，耗费了大量的时间和成本，致使服务力度低。这些都是目前农村建设物流要解决的问题。

因此，在建设农村物流基础设施时需要从以下两方面着手。

++

★完善农村物流网络体系

采用“梯级转运”的运输方式，在县（市）建立物流分拨中心，与乡镇的邮局、供销社相连接，再将邮局、供销社与较大行政村、供销超市、农资超市、农村集市相连。通过层层分级，充分利用农村的自有资源，为农产品的输出提供便捷的渠道。

★建设先进的、现代化的基础设施设备

以先进的、现代化的基础设施作为农村物流的补充，利用叉车、托盘、液压车等先进工具，并利用现代化的运输存储手段，发展冷链物流，建设冷冻仓库，保障农产品在运输途中的质量。

++

✂建设物流服务信息平台

在移动互联网时代，信息化、碎片化是其主要特征，而信息化也必将成为农村物流的发展趋势。由于在传统社会，农村比较落后，信息也不对称，忽视了物流的发展，农村物流行业整体素质较低、秩序紊乱，企业之间恶性竞争激烈，无法实现信息和资源共享，严重阻碍了农村物流信息化的进程。

在农村物流的信息化建设过程中，需要充分挖掘信息化服务平台的潜能，为农产品输出提供多样化的渠道。可以在互联网的基础上，完善通信网络的硬件，扩大农民获取信息的渠道，为农民提供综合性的服务。打破农民与流通企业、物流运营主体的信息隔阂，实现资源共享。运用信息化的手段监管物流运输配送，实时跟踪农产品的加工、整理、仓储、运输、装卸、配送、信息处理等流程。

物流信息服务平台在提供基本的信息、与其他用户共享数据库外，还承担着智能管理物流配送、实时监控产品的存储、整理的功能，并利用数据库进行科学分析、精准决策，以便提高农产品的配送效率。

✂建立专门的领导小组和保障措施

基础性、社会性和公益性是农村物流的三大特性，政府制定了一系列相关的优惠政策，鼓励农村物流的发展。但是，农村物流网络体系的建设需要交通、经贸、农业、邮政等多个部门的配合，各部门加强沟通与联系，共享信息和资源，协同工作，从而节省资源，提供效率。

具体来说，就是成立专门的领导小组，以协调各部门的工作，制定相应的规章制度和统一的发展规划。例如，制定统一的物流运营管理办法、物流设施设备标准，以此促进农村物流基础设施建设的进程；同时还要为农村物流建设提供充足的资金和先进的技术支持，从而避免资源的浪费，提高服务水平。

 物流 + 供应链：如何打造农产品电商的两个关键性支柱

在互联网高速发展的时代，网购农产品已经不是新鲜事，在网络平台上不仅可以买到红枣、枸杞等保鲜时间比较长的农产品，同时也可以网购到新鲜的水果和鲜肉。随着农产品网购的日益普及，农产品电商应运而生。

农产品电商领域还未被大力开发，拥有比较大的发掘潜力和发展空间。而且农产品电商与国家和社会重点关注的农业、农村、农民问题紧密相关，因此其发展也必将会得到更多的关注。与其他行业发展所不同的是，物流以及供应链体系是支撑农产品电商发展的两个关键性支柱。

✂ 农产品电商的两个关键性支柱

（1）解决“最后一公里”，实现全程冷链运输

经营农产品，首先要保证的是产品的新鲜感，这样一来就需要全程持续的冷链运输，从干线冷链到支线冷链、从仓储到送达消费者家中。而从国内目前的冷链运输状况来看，还远没有形成专业化的全程冷链运输系统，而且冷链运输的成本也比较高，实力较弱的电商企业难以承受。

上海作为农产品电商领域第一个吃螃蟹的人，在冷链运输方面进行了大胆的尝试和探索，基本实现了从“从生鲜大仓到区域仓库”的冷链运输，但是从区域冷库运送至消费者家门口的过程还没有实现冷链运输。而且在冷链运输方面，还不能做

好分区温度控制，这也就导致农产品不能与其他日用品一起运输，在一定程度上就增加了物流运送的成本。因此分区温度控制也是目前农产品电商发展的绊脚石。

（2）稳定的产品供应链是营销的重要基础

农产品电商最重要的还是产品，只有有优质的农产品做支撑，才能带动消费，促进农产品电商的持续健康发展。而水果、蔬菜等农产品需要有一个稳定的产品供应链，从产品的采摘、运输一直到终端供给，产品等级的划分、准备良好的储备条件、规划冷藏运输路线以及冷藏设备等这些环节都需要农产品电商企业进行专业化的推进。如果没有稳定、完善的供应链系统，不管营销推广能力有多强，对农产品电商企业也没有任何意义。

✂四法打造"高价值生鲜冷链"

（1）众筹式经营

"生鲜冷链"是农产品电商非常关键的一个环节，而生鲜产品对冷链运输的高要求增加了产品物流运输的成本，从而使产品的售价提高。而且由于冷藏车、冷库设备、温度控制终端等的建设需要投入比较高的成本，因此对于单一的农产品电商来说，自主投入建设根本不现实，而且也不划算，于是就兴起了生鲜电商之间合作或者与第三方合作经营的方式。

而在互联网金融领域兴起的众筹模式，对农产品电商的发展来说就是一个比较关键的节点，农产品电商可以在众筹平台上推出冷链配送项目，通过吸引资金的方式联手打造生鲜冷链。

冷链众筹项目有两种推进方式。

+++

★在众筹平台上推出冷链众筹项目，通过公开募集资金的方式启动项目；

★开放冷链物流项目股权，吸引天使投资。

+++

（2）众包式运作

由于农产品的冷链配送成本比较高，链条比较长，因此就需要将更多社区以及便利店资源整合起来，统一推进。为了提高冷链物流的运送效率，农产品电商也可以选择与社区便利店等开展合作，利用他们本身所具备的冷链储存空间帮助电商企业攻克“最后一公里”的难关。

具体的开展方法主要包括以下两方面：

+++

★联络配送区域的社区便利店以及连锁便利店等资源，通过与其通力合作，推进冷链物流配送，双方可以按照每单抽成的方式分配利润，也可以根据配送额分级返利；

★在配送区域的每一个社区寻找一个合伙人，这个合伙人需要有自己的冷藏设备，可以自己开展产品配送，按照配送额进行抽成或返利。

+++

（3）内部创业并举

为了能够对“冷链物流”环节进行更好的控制，农产品电商可以面向内部员工开放相关的项目股权，给予员工投资或者自主运作的权利，这种方式既可以促进内部创业，提高员工工作的积极性，同时也有利于电商企业“电商生态圈”的构建，牢牢把控冷链配送环节。

主要开展方式有以下两种：

+++

★将“冷链物流”项目面向内部员工开放股权，积极鼓励员工以股东的身份进行投资，推进项目的顺利开展；

★有能力的员工可以凭借自己的技术、管理等入股，与公司合作建设"冷链物流"。

++

（4）布点布线合理

农产品电商的销售终端主要位于北京、上海等一线城市，这些地方由于面积比较大，冷链配送的范围也比较广阔，不仅成本高，而且难度大，因此为了能在控制成本的条件下满足农产品的冷链配送需求，农产品电商就需要合理地布点布线，在核心的配送社区以及核心配送路线上设立配送点，建立"冷链物流配送干线"，支线冷链物流积极寻求与社区便利店或者合伙人的合作。

开展方法主要有以下两种：

++

★整合配送区域，围绕核心的配送社区以及配送路线设置配送点，建立干线仓库，为冷链物流提供更多的便利，推动冷链物流的实现；

★不断对冷链物流的配送路线进行优化和更新，逐步提高配送效率。

++

※四法控制"高品质生鲜供应链"

生鲜产品包括时令蔬菜以及水果等，农产品电商领域还未形成一种规范的生产秩序以及分级制度，同时也没有形成统一的供应标准，未来农产品电商之间的竞争归根结底就在于是否具备专业、稳定的供应链，因此构建完善的生鲜产品供应链对于农产品电商的发展来说是具有重要意义的一环。

（1）建标准

目前中国农业仍采用粗放式的生产经营方式，在经营中主要参照以往的生产经验以及基础性的科技指导，要走上精细化的运作之路还需要很长一段时间。农产品电商中农产品是主角，而农产品只有实现“商品化”之后才能销售。因此为了推动农产品的商品化，在市场上销售生鲜产品，就需要有一系列的农产品标准做支撑，包括农产品生产、收购、分级以及运输标准等。

具体的施行方法包括以下 3 种：

++

★积极寻求与国内外农业院校以及咨询机构等的合作，制定统一的农业生产标准，对具体的种植以及农药等环节进行量化;

★根据农产品的外观、大小以及重量等制定一定的分级分类标准，并在商品分类收购环节中应用;

★将制定的标准量化为实际的手册和步骤，并付诸实践，提高工作效率，同时也有利于生产标准的监督执行。

++

（2）控基地

对于农产品电商来说，拥有一个稳定的生产基地就相当于拥有一个坚强的后盾。一个优质的生产基地不仅能够为农产品供应商提供高品质的产品，同时也可以保证供货的稳定性以及持续性，可以说拥有了核心基地就等于拥有了公司的未来。要掌控农产品的生产基地，就要从农产品生产源头出发，规范农产品，推动农产品走向标准化，强化对生产基地的控制。

控制生产基地具体的开展方式主要有以下两种：

++

★利用资本收购有开发潜质的生产基地，并进行自主控制和生产标准化的管理;

★采取股权收购以及合资合作的方式收购生产基地的股权，从而掌控生产基地的发展方向。

++

（3）降损耗

农产品在生产、运输以及消费端都会产生一定的损耗。

++

★**生产端**：这一方面的损耗主要集中在农产品的采摘、田间运输以及贮藏等环节；

★**运输端**：主要是指配送温度控制、转运等环节产生的损耗；

★**消费端**：消费者在购买过程中的翻拣和选择，以及为了保持良好的品相而削减必要的枝叶等。

++

因此为了保证农产品电商的利润，应该想方设法降低农产品的损耗。

++

★减少人工采摘，多利用机械设备进行作业，同时还要缩短产品从田间到仓库的距离；

★在运输过程中尽量做好温度控制，减少不必要的损耗；

★在农产品运出生产基地之前就做好包装，让消费者直接通过包装就可以看到食材，这样就可以减少翻拣过程中产生的损耗。

++

（4）培育团队

有了优质的农产品和完善的供应链以及冷链物流运输系统，农产品电商还需要一支专业的运作团队。团队要始终坚持"供应链致胜"的理念，提高供应链的运作效率，降低损耗。

提强运作团队对供应链的重视的方法主要有以下两种：

++

★加强对团队成员“供应链制胜”理念的培育和指导，对员工进行必要的供应链课程培训，增强员工的品质意识，保证农产品的质量，提升农产品的包装特色；

★将供应链的运作顺畅程度纳入员工的绩效考核，一旦发生因为供应链问题导致的客户投诉以及产品质量出现问题等状况，就要对相关员工进行必要的绩效处罚，从而增强员工在供应链管理以及运作方面的严谨态度，强化供应链在农产品电商发展中的关键性作用。

++

乡镇代理站：顺丰发力“最后一公里”，破解物流难题

一直以“直营”为显著标签的顺丰，近日正在发展乡镇代理点，努力实现农村“最后一公里”。顺丰此举的主要目的是鼓励顺丰内部员工以直营模式创业农村网点，不向社会公开招募。据顺丰内部人士强调，无论是从价格上还是服务上来讲，公司的“顺丰标准”是硬性规定，不容改变，而且农村网点要保证专营顺丰业务。

从2015年年初起，顺丰内部就开始着手尝试布局农村的网点，长期以来，始终没有克服因物流体系不完善所引起的农村网购问题，顺丰在农村地区设立乡镇代理点，这一措施为解决农村网购的物流难题带来了希望。

✂尝试农村网点布局，发力“最后一公里”

长期以来，人们将“直营”“商务”作为顺丰速运最显著的标志，但在2015

年 4 月，顺丰被爆料开始采用代理合作的模式，大范围地扩展乡镇市场和农村网购市场。2013 年，顺丰布局县级城市，而现在，顺丰的这一举动被业内人士视为继其之后的又一向农村市场进军的大战略。

其实，从 2014 年初起，顺丰就着手准备布局农村网点，但是只针对公司的内部人员，鼓励他们创业农村网点，并保持直销，不接受社会人员的加入。顺丰业内人士强调："这不算是真正的开放农村代理。"

顺丰布局农村网点的首选地区是经济欠发达地区，主要是华北、华中、华西地带的县级以下的乡镇农村。同时，公司为了赢得当地农民的信任，承诺即使是在农村市场，也会在价格和标准上保持"顺丰标准"，保证代理网点一心一意专营顺丰业务。

公司考虑到顺丰内部员工对顺丰体制及物流业务比较熟悉，服务质量有所保证，再加上为了保证纯正的"血统"，维护长久以来树立的良好的顺丰品牌形象，所以，此次开放代理，顺丰只针对内部员工，而不对外加盟。这是一次鼓励公司内部员工以直营模式创业农村网点，并为他们提供资金支持的开放代理。

顺丰在农村布局网点，有很多事项需要格外注意。例如，严格慎重的资质审核，保障代理网点的操作规范，顺丰管理体系的软硬件统一，实时追踪收派情况。同时，顺丰直接提供高价值、月结等服务。在农村进行网点布局之前，顺丰还仔细衡量了当地的地理环境、交通状况、消费水平以及业务密度等客观条件，因此确保网点布局的科学性和规范性。

✂ 农村快递市场存量巨大，政策扶持或成新兴蓝海

今天，农村地区以及三四线城市的物流市场已经成为广大电商们的"香饽饽"。一二线城市的物流市场已经相对成熟，电商们要想取得更大利润，就必须

开拓农村市场，于是电商纷纷下乡，农村互联网化席卷而来，农村地区开始逐渐形成网购习惯。在种种利益的驱使之下，欠发达地区的物流行业受到各电商的关注，布局农村地区电商物流已刻不容缓。

那么，我们如何得知农村地区和三四线城市的市场潜力？就从苏宁易购在 2015 年春节期间的销量来看，在三四线城市，仅家电和 3G 品类的的订单量就环比增长超过了 200%。电商们对如此巨大的商机市场可谓垂涎欲滴，迫不及待地想据为己有，尤其在电商们已经将一二线城市市场的利润榨尽之后。随着移动互联网时代的到来，农村地区的互联网也逐渐普及，各大电商开始进攻这一“战略高地”，电商们纷纷把更多的精力投入到农村市场中，加大圈地力度，由此带动了这一地区的物流生意。

传统的物流网络布局及思想已不能解决当今的物流配送问题，其效率低下导致电商在农村地区的发展受到严重阻碍，所以，电商要想在三四线城市拥有自己的广阔前景，就必须通过自建物流体系，提高物流配送效率。就目前为止，多数电商的配送地区都限制在县城或者交通比较便利的地区，而且派往这些地区的物流人员也不多，所以，若想把农村地区和三四线城市的物流做好，就必须投入大量的成本用以自行建设。所以，高昂的物流和管理成本以及物流和管理人才的匮乏都成为电商自建物流体系的痛点。

各大电商耗费巨额成本自建物流体系，而其最难以突破的是所谓的“最后一公里”——各县级城市与所辖乡镇间的物流配送环节。这一环节是电商们难以送达的空白环节，也是他们正致力于解决的一个环节，这也是物流行业最接地气的投资方向，只要把这一环节填好，电商就解决了物流环节中最为棘手的一方面。电商下乡仍在如火如荼地进行，而电商自建物流体系困难重重，在面临机遇与挑战的情形下，专业的速递公司应看准形势，把握商机。

✕ 布局农村速递市场，机遇与挑战并存

长期以来，电商在农村地区的配送问题主要是"最后一公里"，这是电商在农村发展的一个痛点，顺丰通过在乡镇设立代理点，希望能够解决网购物流的配送问题。但是，一个不争的事实摆在面前，三四线城市的整体物流市场拥有一块很大的蛋糕，由于交通硬件设施、公司规模、人力成本等因素的限制，这块蛋糕被中国的两千多个县级城市分割成一个个小型蛋糕，这样，每个区域所拥有的物流蛋糕就只有一小块了。

同时，我们所熟知的"四通一达"、EMS 比顺丰更早一步进攻农村市场，有一定规模的覆盖率，而且以直营和项目物流为主的宅急送，也已经在农村县级地区实施配送，所以顺丰要想在夹缝中生长，必须认清形势，选择一套适合自己的方式，在资费上做出一定的让步，同时保证服务质量，否则难以取得成功。

此外，顺丰进军农村市场如果仍衍用直营模式，成本和价格将失去平衡，而且布局越广，亏损越多。顺丰在农村设乡镇代理点之后，不仅节约了成本，还解决了网络覆盖的广度和深度。但是开放加盟和代理也有它的不足之处，如网点的服务标准不同带来的管理不便等问题。

由此可以看出，顺丰在农村市场的运营中坚持采用直营模式，管理成本居高不下。对此，顺丰并没有把太多的精力投入到如何降低运营成本中，而是坚持时效和服务两大标准。目前，顺丰创业农村网点还只是处于探索的阶段。其官方资料显示，顺丰建有营业网点 7800 多个，将全国 300 多个大中城市和 1900 多个县级市覆盖在内。

从整体上来看，农村市场和三四线城市还是一片有待开发的"空地"，各大电商在这片"空地"上的市场格局还不稳定。但目前为止，顺丰若想在农村地区一展宏图，至少需要 1 年的培育期，结果到底会如何，我们紧跟市场变化，拭目以待。

Part 5

农产品电商：

一个巨大的“风口”，一个难以盈利的领域

品牌化 + 社区化 +O2O：农产品电商最有价值的三大方向

电子商务的兴起给人们的生活带来了翻天覆地的变化，同时也为整个商业社会注入了更多的新鲜血液，推动商业社会进入了一个新的发展高度。

据统计，2014 年"双 11"期间全网单天的交易额就达到了 805.11 亿元，包裹数量有 4.09 亿个，在"双 11"活动期间，参与的品牌有 3 万多个，其中涉农电商平台有 3 万多家，农产品电商平台有 3000 家，但是大多数的农产品电商并没有在这节日期间实现盈利，在农产品电商领域，亏本经营仍是一种比较普遍的现象。

虽然农产品生鲜电商被认为是电商领域最后一块极具开发潜力的领域，但是在实际的运作过程中，那些身先士卒的农产品电商企业由于对这个产业缺乏足够了解，再加上没有找到合适的电商运作模式，多数成了这个领域的牺牲品。北京的"优菜网"和上海的"天鲜配"就是两个农产品电商失败的例子。

✂ 农产品电商的三大困境

农产品电商，尤其是生鲜电商，更多的是为人们构筑了一个很美的梦，让人们足不出户就可以获取想要的新鲜的水果、蔬菜等生鲜产品。而且农产品电商的未来一直是被普遍认可的，但是事实上，农产品电商在实际的运作中却面临了很多难以跨越的鸿沟。

（1）缺乏完善的物流系统，物流成本居高不下

其他商品放在网络平台上销售，由于没有了线下店面租金以及人力等成本，商品的价格就降低了，而农产品由于难储存以及单次采购量比较少的问题，其物流运送的成本问题便日益突出，虽然刚开始生鲜电商的诞生意欲跟线下的菜市场抢客户，但是最后却失败而归。

（2）产品质量难控制

农产品不是工业品，只要有机床和模具就能生产出标准化的产品，它需要一个自然生长的过程，这也就很难实现农产品标准化，而且农产品容易受到自然环境变化的影响，无法保证产品的持续、稳定供应。农产品有比较突出的地域特点，虽然产品种类极其丰富，但由于其成长环境等方面的原因使得实际可供应的产品却比较单一。除此之外，在运输以及销售中的农产品保鲜以及损耗问题，也一直是困扰农产品电商的一大难题。

（3）运营模式和定位难

如果要做好有机产品，就需要付出比较高的源头控制成本；如果单做 B2C 的话，物流运送成本高是一大难题；产品如果面向的是年轻且具有一定经济实力的白领群体的话，获取他们的信任也是一个难关。

而且电商已经走过了平台繁荣的年代，市场上出现了越来越多的电商平台，垂直生鲜电商的发展已经没有了时代的优势。在电商巨头企业纷纷跨入生鲜领域的时候，很多中小电商企业由于根基不稳、实力较弱，在与电商巨头的竞争中落败，最后黯然退出生鲜电商市场。

生鲜电商虽然看起来很美，但事实上危机四伏，因此要想跨入这一领域的企业应该三思而后行。

✂ 三大阶段的探索

生鲜电商大致走过了三个发展历程，为其以后成熟商业模式的形成奠定了坚实的基础。

（1）第一阶段（2008—2010 年）：与菜市场 PK

刚开始很多电商企业以为只要利用电商这一种新的零售手段就可以从根本上颠覆菜市场的地位，结果却铩羽而归。虽然从表明上看是消费者没有形成网购果蔬的习惯，但是事实上还是一些更现实的问题，网购的果蔬不仅价格高，而且产品品质难以保证，这对更倾向于经济、实惠消费的普通大众群体来说是难以接受的。而在生鲜电商领域还没有出现比"产地—批发市场—菜市场"更为快捷、高效的销售模式了。因此短期内菜市场仍然是生鲜产品的销售主渠道，超市在其中扮演的角色会越来越重要，生鲜电商还未找到立足之地。

（2）第二阶段（2010 年—2014 年）：走小而美的私人订制路线

在与菜市场比拼无果的情况下，生鲜电商开始走上了另外一条路线——高附加值的私人订制，通过特色的产品、优良的品质、贴心的服务来吸引客户，并将其发展成为稳定的客户群体，因此这也就出现了各种贴着有机生态标签，主打特色果蔬和肉类的专业生鲜电商。

做专业生鲜电商也面临一些挑战：农产品生产源头的质量不好控制，客户的推广成本比较高，难以获取客户的信任，物流运输成本和损耗高等。

（3）第三阶段（2014 年至今）：发现新大陆

经过前两个阶段的探索之后，农产品电商领域已经达成普遍共识：农产品和工业品是完全不同的，要经营好农产品，就需要在控制成本的同时保证产品的品质，因此这就需要构建完整的产业链，想方设法降低成本，从而为消费者带来实际的实惠，将他们发展成为自己的客户群体。

在这一阶段，可能会涌现更多的农产品电商平台，竞争将更加激烈，各个农产品电商为了降低物流运输成本以及损耗，会积极建设社区化的终端、配送站以及保险箱，因此未来社区化的终端将涌现更多的资本。

三大方向显现

在经历了一段跌宕起伏的探索之后，农产品电商模式开始逐渐走向明朗，并在这一领域摸索出了三大发展方向。

（1）方向一：品牌化

对于农产品来说，品牌化还处在初期的探索阶段，如市场上出现的洛川苹果、西湖龙井、龙口粉丝等，但是市场上“褚橙、柳桃、潘苹果”这样的品牌还是非常稀少的。因此农产品电商应该深入挖掘农产品的内涵，增加品牌的附加值，从而在市场上形成自己的竞争优势，避免陷入恶性竞争的误区。

（2）方向二：社区化

很多农产品电商已经意识到了“最后一公里”的重要性，开始深入社区进行物流布局，并通过这样的方式缩短物流链，降低物流成本，减少损耗。但是对社区终端的建设也需要一定的成本，而且终端建设与渠道融合也需要一段时间，除此之外，还有对社区终端的管理以及细节完善等，都需要农产品电商付

出一定的时间和精力。

（3）方向三：线上线下融合的趋势

农产品电商可以将线上线下两个渠道结合起来，利用微博、微信等社交工具作为传播手段，开展网络营销，同时借助大数据的力量对客户群体进行精准定位，实现高效率的营销传播，并逐渐摸索出一套合理的盈利模式。

✠ 三个发展阶段

从农产品电商诞生至今，其发展经历大体可以划分为三个阶段。

（1）第一阶段：2005—2012 年

+++

★ 2005 年生鲜电商诞生，这是农产品电商发展的初期；

★ 2006 年全国农产品商务信息公共服务平台上线开放，主要是收集、发布涉农政策信息以及农副产品流通信息，同时也与其他相关部门展开合作，为其提供信息支持；

★ 2009 年甫田网上线，主要是面向上海外籍人士，为其提供安全、健康、优质的食材；

★ 2010 年，沱沱工社和优菜网上线运营。

+++

在此期间，由于食品安全事件时有发生，消费者为了能获得更加安全、健康的饮食，更倾向于选择渠道比较正规、安全性能得到保障的食材，因此高品质以及高安全性的食材需求也就与日俱增，有不少企业就抓住了这一商机，纷纷做起了生鲜电商。

（2）第二阶段：2012—2013 年

随着越来越多的企业涌向农产品电商领域，农产品电商得到了快速成长，但是也导致整个行业泡沫的产生，许多农产品电商网站一度陷入了进退维谷的局面，2013 年北京优菜网由于融资困难，标价 150 万元开始寻求转让；上海天鲜配发展陷入困境，被迫下线。不过随着社会化媒体的出现以及移动互联网覆盖率的不断提升，生鲜电商们又重新对农产品电商的未来充满了希望，未来这一领域会出现更多的新模式，农产品电商也将以一种新姿态出现在世人眼前。

（3）第三阶段：2013 年至今

本来生活、1 号生鲜、顺丰优选、沱沱工社等成为农产品电商领域占据主流的生鲜电商，它们在经营的过程中不仅获得了强大的资金支持，同时还各自探索出了一套经营模式。如本来生活为营销推动型；顺丰优选为供应链驱动型，利用自己在物流方面的基础，在生鲜电商领域形成了自己的竞争优势。而云计算以及大数据的兴起和应用，为生鲜电商的发展创造了更有利的生长环境。

从根本上来说，农产品电商的发展主要还是在于定位以及路径这两个问题上，如果能真正有效地解决这两个问题，那么普通的农产品就能轻而易举地实现网上交易与线下配送，农产品电商实现普及也就指日可待了。

止损 VS 盈利：详细解析中国农产品电商的 10 个“亏损点”

电子商务平台在我国市场上已经占据了一席之地，仅涉农电商数量就超过了 3 万家，其中农产品电商平台达到了 3000 家。虽然在数量上十分可观，但是由于种种原因，农产品电商行业整体依旧处于亏损之中。

菜管家运营 4 年，总投资 3500 万元，但直到今天仍旧是亏本运营；武汉家事易用短短两年半时间实现了电子菜箱在 1200 多个社区的覆盖，累计投入高达 6000 万元。虽然其日成交量不在少数，但是仍旧亏本运营，这其中的原因究竟是什么呢？下面我们从行业视角出发，对导致亏损运营的因素进行分析，如图 5-1 所示。

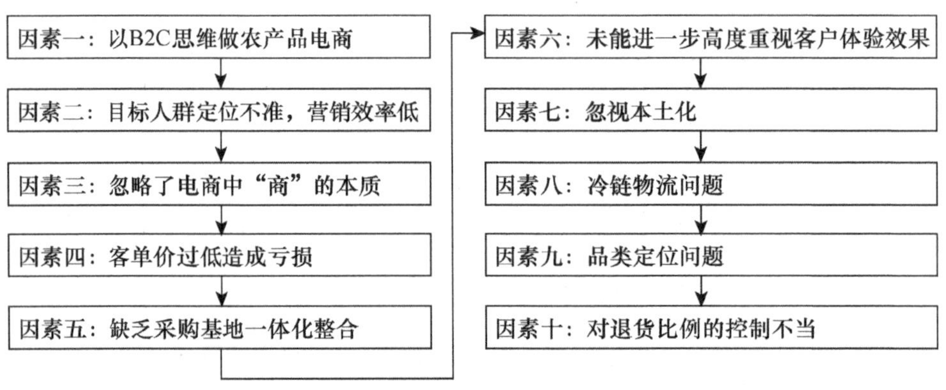

图 5-1　中国农产品电商 10 个"亏损点"

因素一：以 B2C 思维做农产品电商

很多电商平台对于 B2C 和农产品电商之间关系的认识存在着很大的误区，他们认为通过建立一个平台，然后进行流量导入，就会吸引客户在线上购物。其实这种认知是具有一定思维定式的，而若把这种定式套用到农产品电商上显然不适用。

客户在平台上需要购买的不仅是产品，还有产品所带来的健康、高品质的生活。而这些内涵意义需要通过产品背后的种植基地、采摘、物流、产品链以及品牌故事等方面来对整个产品有一个多维度的考察和信任，而这恰恰是 B2C 的思维所无法完成的。

因素二：目标人群定位不准，营销效率低

农产品电商的客户流量备受人们关注，尤其是这个市场仍处于发育初期，

客户流量也正式渐渐积累和沉淀的时候。那么在客户群中占主体地位的是都市女性白领，她们处于现代化快节奏的生活中，对于健康生活更加重视，而且有互联网购物的习惯。

针对这一部分人群进行营销传播才可能获得较大的效果，而现如今农产品电商的定位显然不够准确，部分偏离到其他人群中，如年长者、男士等，尽管广告信息覆盖率高，但仍然不尽人意。因此，进行客户人群的目标精准定位是做农产品电商必须要考虑的问题。在我看来，除了都市白领以外，下一阶段“90后”女性也可能成为农产品、生鲜产品的又一消费爆点。

✂ 因素三：忽略了电商中“商”的本质

在农产品电商的运作过程中，必须要产生一个“生产基地—营销—供应—物流—口碑宣传”这样一个闭环，但很多电商却往往把重点放在营销和流量上，甚至认为“营销 + 流量 + 交易”就能做起农产品电商来。这种认知是错误的，无论农产品电商披上了怎样的外衣，最终的本质还是“商”。

营销的存在只是为了把产品更好地推到客户面前，对客户起到一个引导作用，其背后还是需要以技术和产品作为支撑点。如果后者做不到的话，营销的规模越大，最后客户拿到产品的时候就会越失望，结果得不偿失。

✂ 因素四：客单价过低造成亏损

客单价是所有农产品电商都十分头疼的问题。据数据统计，若客单价低于200 元则会造成亏损，因为物流成本和途中损耗将得不到补偿。就目前农产品和生鲜电商的经营现状来看，每单必然会带来物流成本和损耗，如果客单价一直上不去，物流成本无法压缩，农产品电商必然会距离盈利越来越远。顺丰优选

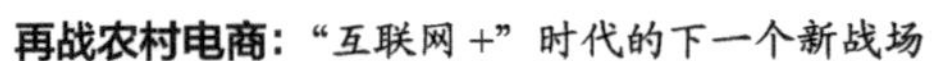

在做进口高档食品和当季食品时也是从客单价的角度来进行选择的。

※因素五：缺乏采购基地一体化整合

对基地的整合是农产品电商所应当重视的一点，但很多电商都忽视了这一点，往往以定向采购的形式与基地合作，而不是走协同的供求路线。国外的农产品电商在根据市场的走向来指导基地的种植这一方面已经渐趋成熟，但在国内还远未实现。

以国际品牌星巴克为例，其在基地整合、需求协同的基础上进一步完善其供应链，重新回溯到咖啡豆种植以及风力、土壤等因素影响下的种植管理上来。

当然，如今国内许多农产品电商也已经对采购基地整合有了一定理解，其商业价值不仅在于质量的保证，还在于品牌化、集约化和一体化的协同发展。这种模式下会有效压缩成本，减少浪费，成为获取和增加利益的有效手段。

以重庆的一家生鲜电商为例，他们对基地的整合就有一套有效的方式。首先，他们采取的模式不是 B2C，而是 B2B，利用集团型的采购方式来拉动基地的整合，再衍生出来打造 B2C 服务以及 O2O 体验。采购能力形成规模，成本就自然降低，与基地之间实现供求信息的快速反应，协同效率相对较为高效。这种基地整合的形式是可以为大家所借鉴的。

※因素六：未能高度重视客户体验效果

消费者的体验满意度对于品牌的口碑、信誉等具有极大的影响作用，对于客户提出意见的订单或者不满意的订单必须第一时间加以追踪，而不是置之不理。一个客户的反应很可能会引发连锁效应，对口碑产生极大的影响。聪明的电商在产品出现问题时，只要不是商品价值超过某种底线，那么对于客户的赔偿和赠送一定不会吝啬。

付出一定成本换来的是客户情感上的倾向性和口碑的提升，何乐而不为呢？更何况如果客户退货，期间产生的物流费用和损耗费用可能会更大。

粉丝经济的商业价值不断凸显出来，尤其是对于食品领域来说。因为未来农产品电商一定要注重培养和维护自己的粉丝群，有效利用粉丝效应，通过信息扩散可能会带来更多的客户。

有一家农产品电商把产品的目标人群定位在了一个 IT 圈子。这个群体对于互联网极为熟悉，有网购的习惯，而且消费能力普遍较高。此电商通过对这个圈子的渗透打开了电商的局面，同时建立起良好的口碑，从而迅速笼络了这个领域的客户。

因素七：忽视本土化

电商的发展趋势已经渐渐蔓延到社区，形成社区线上和线下的互动模式。与此同时，商业模式变化发展迅速，本土 O2O 已经成为了必然趋势。据数据显示，消费行为中的 60% ～ 70% 都发生在周围 3 公里之内。所以农产品电商必须重视本土化的展开，线上培育粉丝圈，线下打造体验圈，两者综合进行。

对本土化的忽视是不利于稳定长期发展的，因为农产品受到商品质量、物流等因素的限制很大，无论农产品电商的规模大小与否都是如此。所以对于农产品电商建立本土化服务体系是必然趋势，除非对于可以不计成本的产品，否则其他大众产品的定位必须本土化。

农产品电商实行本土化一般是与当地的社区服务站、便利店等机构进行整合。若是以传统的 B2C 模式来进行推进则需要庞大的运营提供支持，所需人力和资金都比较巨大，不适合一般农产品电商。

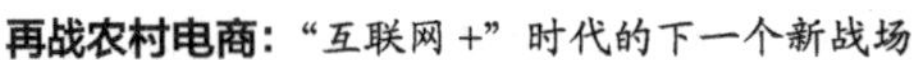

因素八：冷链物流问题

对于做农产品电商的人来说，冷链物流是至关重要的问题，同时也是十分令人头痛的问题。在这一物流配送过程中，需要冷藏库房和冷藏＋冷冻混合车辆的配合，同时在物流中转的过程中还需要冷藏箱、恒温箱等设备，这关系到最后送到客户手中的产品是否与最初的产品质量相同。

在投入方面，冷链是需要长期持续的资产投入的，而且回报周期比较长，容易给农产品电商造成压力。即使投入资本足够，但后来运营期间因为季节等因素的不稳定性可能造成商品质量单的不稳定，那么运营成本就会大大浪费。更何况，农产品电商很少有人能够建立起自己完整的冷链配送队伍，在与第三方进行合作的过程中无形中又提高了成本。因此，建立一个集约化、社会化、自主化的冷链配送队伍成了农产品电商亟待解决的问题。

现如今，我国农产品电商冷链物流一般通过以下几种途径来解决。

（1）顺丰优选

这是一条完全自建而成的物流体系，常温和低稳设备都相对完善，基本已经实现全国覆盖，能够在24个小时之内把南方的荔枝送到北方，把内蒙古的羊肉送到南方，这些实际案例都显示了其物流配送的快速且技术完备。

（2）阿里巴巴

目前实行整合模式，以干支线和末端宅配相配合，曾经有把车厘子从美国农场送到中国家庭等成功案例。这种整合可以说是"二段式配送"，利用平台、网络实现的农产品冷链物流。

（3）京东

从末端配送着手，在各地建立服务站。据了解，京东未来将尝试把产品从田间直接送到餐桌的 ABC(Agricultural to Business to Customer) 模式。目前，其生鲜配送站已经开始运行，与 O2O 的“最后一公里”的体验相融合。当然，在物流的仓储、干线、支线等模式配合方面还需进一步整合。

✂ 因素九：品类定位问题

我们在用户定位中提到，如果用户定位不准确则很有可能造成营销成本的浪费，那么实际上定位问题不仅在于用户定位，还在于品类的定位，产品的选择还涉及供应链支撑能力的问题。

运营的核心能力在于品类驱动的供应链，如果品类选择科学就意味着商业的运营迈出了成功的一大步，所以品类定位的重要性可想而知。应当注意的是，选择品类切不可贪多，混合型的品类供应链中容易造成多方经营漏洞，一旦出现问题会易造成品牌危机。

从供应链的角度来看，电商平台对品类选择的科学性决定了盈利的潜力。据知名电商品牌供应链总监透露，品类增加十倍，供应链管理的难度就会以百倍增加，甚至更高。

✂ 因素十：对退货比例的控制不当

KPI 指标（关键业绩指标）是农产品电商必须重点考核的，一件产品的退货所带来的不仅是商品的损失，更重要的是客户的流失和品牌名誉的受损。所以，农产品电商退换货问题已经成为各大 CEO 重点关注的问题。正如我们前面提到的，宁可用赠送来换取客户感动，也要尽量避免退货。

而如今据数据显示，情况稍好一点的农产品电商退货比例达到了 6%，其他普遍都在 10% 左右，这样的比例所带来的损失是不可忽视的。当然，针对这一问题，不少农产品电商也在寻求解决途径。例如，预付 C2B 模式，会大大降低退货率，还有上海的厨易时代的 O2O 模式等。

所以，农产品电商不但要从运营角度，还要从商业模式方面多加思考，改变思路，降低退货率。

✂ 小结

农产品电商如今整体仍处于亏损状态，其中缘由相信大家可以从以上 10 个因素中有一定了解，这与运营方式、商业模式、营销策略等都脱不开干系。

整理归纳一下，农产品电商亏损原因主要有以下几点。

（1）定位不准，营销成本浪费；

（2）采购整合一体化不到位；

（3）冷链物流体系不够完善，社会化程度不高；

（4）供应链过程损耗过大；

（5）品类定位不科学；

（6）退货比例控制不当。

总之，要想做到止损盈利，就必须不断优化顾客体验，同时对各项成本进行有效控制。

何谓“遂昌模式”：国内首个服务驱动型的农产品电商发展模式

2015 年，阿里研究院发布了《农产品电子商务白皮书（2014）》，报告显示，

2014 年在阿里平台上经营农产品的卖家数量已高达 76.21 万个，其中零售平台卖家 74.98 万个；同时，在阿里平台上注册地址在乡镇的农村卖家约有 76.98 万个。2014 年，阿里平台上完成农产品的销售总额为 483.02 亿元，同比增长 69.83%。此外，2014 年阿里销售平台上，鲜花绿植的增长速度最快，高达 164.87%。

阿里的数据表明，电商下沉是必然趋势，农村电商市场蕴含着巨大潜力。随着年轻农户的参与，农村合作社纷纷在网上开店，农产品电商的崛起势头迅猛。同时，涉农电商服务商也开始在农村运营。

互联网的发展，扩大了农产品销售的渠道，新型的网上销售模式开始崛起，而在浙江就出现了“服务驱动型的县域电子商务发展模式——遂昌模式”，以发展本地化的农产品商务为核心。

✂什么是“遂昌模式”

“遂昌模式”是多方主体，包括农户、物流企业以及物流运营主体等通过互联网建立联系的一种模式。

通过“遂昌模式”将地方政府与第三方电子商务平台联系起来，以网店协会为行业代表，将分散的资源整合起来，打通地方与全国的运输渠道。

遂昌位于浙江省西南部，山地较多，平原较少，以茶叶、毛竹、山地生态蔬菜为主导产业，是我国有名的旅游胜地。但是，由于遂昌的地形，导致交通闭塞，与外界的联系较少，当地的资源优势和产品特色没有给当地的居民带来经济效益。

2010 年 3 月，“遂昌网店协会”成立。遂昌通过“遂昌网店协会”成立了公共服务平台，为本地的农产品输出提供服务：培训及咨询、网销产品的开发和质量把关、仓储配送服务、推广服务、产品图片和文案设计服务、促进网商融资及物流合作等。

在2012年阿里巴巴的全球十佳网商大会上，遂昌荣获年度"最佳网商城镇奖"。截至2013年10月底，遂昌网店协会的会员已经达到1473家，其中网商会员1268家，网货供应商164家，有40多家包括物流、快递、银行等在内的第三方服务商。2013年协会总收入高达400多万元，协会会员销售总额高达2.1亿元。

2013年1月8日，全国首家县级特色馆"特色中国 · 遂昌馆"在淘宝网上正式上线。遂昌馆仅上线一天，交易额就高达255万元，一个半月之后，销售总额已超过1100万元。遂昌馆拥有1500多家网店销售与旅游有关的产品，在遂昌县超过90%的旅游企业入驻遂昌馆。

2013年10月，阿里研究中心、社科院将遂昌馆正式命名为"遂昌模式"，成为国内首个服务驱动型的商务发展模式。

具体说来，"遂昌模式"主要包括两大块。

++

★地方性农产品公共服务平台：以协会和公司为依托，将自身定位在"农产品电子商务服务商"，为农村（农户、合作社、农企）的经济发展服务；

★赶街——新农村电子商务服务站：实现电商的下沉，为农户的生产、生活、农产品的输出提供配送渠道。通过信息化的监控，实现农村市场经济的大发展。

++

✖"遂昌模式"的"领导力"解读

农产品电商作为一个新兴领域，其发展还处于摸索阶段，而2010年成立的遂昌馆无疑给农产品电商领域提供了借鉴经验。而"遂昌模式"成功的要素主要体现在它的前瞻力、规划力、影响力和控制力四方面。

★前瞻力：全国首个县域淘宝馆

遂昌县政府在农村电商市场一片空白的情况下，抓住了市场机遇，主动与阿里巴巴集团合作，签订战略协议，向现代化物流转型，并成功建设国内首个县域淘宝馆。

遂昌模式的成功离不开当地政府的政策支持，使宏观调控和微观调控相配合。遂昌政府以“不越位”“不缺位”的理念鼓励当地发展农产品电商。在我国社会主义市场经济体制下，先放手让网商自我调节，在市场无法调节价格的时候，政府再宏观引导，鼓励发展农产品电商平台。遂昌县政府各部门相互配合，统一管理，为遂昌淘宝馆的建设奠定了坚实的基础，扩大了遂昌农副产品的输出渠道。此外，遂昌县政府为了保证遂昌馆的顺利施工，为遂昌馆专门提供免费的产品仓储基地，并在资金方面予以支持。

★战略规划力：“化散为整”的效应

遂昌网店协会是一个非营利组织，为遂昌馆的建设制定战略措施，整合资源，以保障其等顺利运营。在建设遂昌馆之前，协会就做了问卷调查，综合国内现有的农副产品，尤其是当地特色产品的电商市场的状况，建设了公共服务平台。

协会为遂昌馆的运营提供公共服务，如培训没有经验的农户，向他们传授网站运营的知识；将分散的货源整合起来，统一管理，以确保产品的质量；为特色产品专门设计宣传册，并提供内容优良的文案；同时还辅助农户进行店面装修，并在存储、运输等领域也提供服务；通过扩大农副产品的销售渠道，间接为当地提供就业机会。通过专业的培训，提高供应商的供货能力，如研发创新农产品品种，提高服务水平和能力，加快物流配送速度，监管严格，保证产品质量。同时，协会还完善信任体制机制，将银行与物流服务商连接在一起。

由于遂昌县的地理位置所限制，当地交通不便，无法为外地的网商及时配送农副产品。遂昌网店协会便与物流快递公司洽谈，解决农产品的配送问题；

同时还整合分散的资源，为当地农户服务。

★影响力：合作共赢的价值网络

在“遂昌模式”的应用过程中，协会发挥了强大的整合能力。

第一，产品资源整合的能力。将当地布局分散的资源整合起来，充分发挥遂昌县的资源优势。在建设公共服务平台前，遂昌网店协会进行了实地调研，通过一家一户的走访调查，详细记载当地特色产品的种类、销售以及质量等状况，丰富了数据库，为当地农户提供服务。

第二，合作关系整合的能力。遂昌馆为产品配送流程中的多个主体，如淘宝网、农户、网店主、生产企业、服务商、经销商、政府相关部门等提供了服务平台。通过及时的交流沟通，不断地提供解决方案，满足多方的需求。

★控制力：打造“四维产品质量控制体系”

在我国农村，电子商务发展缓慢的原因有很多，其中就包括农村电商没有统一的行业标准，消费者的合法权益得不到保障。针对这些问题，遂昌馆建立了“四维产品质量控制体系”。

一是在产品供应环节，严格筛选供应商，制定相关的信用机制和产品质量保障机制。

二是在进货环节，通过网店协会公共服务平台，对产品的质量严格把关，与当地政府相关部门合作，确保产品的质量。

三是在产品流通环节，与物流企业合作，推出24小时“限时达”和“保鲜达”服务，确保在配送过程中产品的质量。

四是在售后服务环节，为客户提供相关服务，如预先赔付以及退货无运费等；同时，客户可通过旺旺、400客服电话及消协96315服务电话，维护自身的权益。此外，遂昌网店协会也会加强自身的建设，保障产品的质量以及消费者的权益。

据中国电子商务研究中心（100EC.CN）监测数据显示，2013 年遂昌网店数量达到 4900 多家，比 2011 年增加了近 4000 家，网店从业人员则高达 1.5 万多人，是 2011 年的 3 倍多。

在遂昌模式的发展应用过程中，互联网发挥了不可取代的作用。由于互联网与商务的融合，增强了农产品在交易过程中的透明度，拓展了销售渠道，为农户提供了便利，形成一个健康、发展、可持续的农产品电商网络。此外，遂昌模式的简单易操作也是它成功的一个重要因素。

以标准化和品牌为“抓手”，解决生鲜电商发展的“拦路虎”

近年来生鲜行业成为电商大佬们强势介入的领域，生鲜电商模式也成为讨论的重点。生鲜可以说是电商里最难做的品类，它要求产品保证完全新鲜和超高品质，而这又考验了包括营销、冷链物流等在内的全产业链布局整合能力，所以我们不否认生鲜电商存在巨大的商业诱惑，但是做好生鲜电商却相当不易。

预售类模式和现售类模式是当前比较常见的生鲜电商模式，但均无法摆脱标准化和折损率这两个阻碍生鲜电商持续发展的因素。面对这种情况，生鲜电商就要以标准化和品牌为“抓手”，对其进行标准化生产和品牌打造。

✕生鲜电商的两大模式：预售类模式和现售类模式

（1）预售类模式

预售，顾名思义就是将还没采摘、收获的果实提前卖给消费者，私人定制、定期宅配就是预售模式的表现方式。预售所解决的是信任问题，电商可以为付款的消费者提供新鲜安全的食品，而消费者可以放心大胆地食用。

预售实质上销售的是土地和服务，具体来说就是将果蔬的高品质看作最高原则，据此进行自然种植以保证食品的新鲜天然。而这种无污染、纯天然的食品也成为重视食品安全的现代人竞相追逐的对象，所以即使产品价格稍高一些，消费者们也乐意体验这样的天然食品和完善的服务，这就是定期宅配初期十分赚钱的主要原因。

私人定制就是将土地出租，农场工作人员按照租客的要求进行种植，并将产出配送给他们，租客也可以将其作为周末休闲的活动。私人定制为消费者提供了更多有价值的服务，消费者可以在耕种、看护、收获的过程中获得更多的体验和真正安全的食品，也有助于提高消费者的信任度。

信任度问题也是非标性产品所要解决的首要问题。预售产生订单之后，商家根据用户需求展开有针对性的采摘、制作和包装，这实质上是信任积累的过程。消费者拿到产品的时候就意味着自己的个性化需求得到满足从而提升了对商家的信任度，这也是高端生鲜类产品提高产品附加值的好方法。

（2）现售类模式

由于自身缺乏规模化种植、养殖基地，许多生鲜电商采用的都是现售类模式，即对现有农产品进行严格筛选，将其派送给消费者，土特产是最先触网的生鲜类产品。除此之外，荔枝、冰糖橘、蜜柚等出货量较大的农产品也多是经过严格挑选进行电商化销售。

现售类模式对产品也有着相当高的品质要求，这就需要电商经营者在全国甚至是世界范围内寻求最优质产品，然而这却在无形中给商家带来不小的压力。首先是在寻求过程中花费大量的人力、物力、财力为生鲜电商的良性发展产生相当大的阻碍；再者是生鲜产品的季节性影响使其对冷链物流和保险技术都提出了更高的要求，这两点原因都大幅增加了生鲜产品的成本，不仅给消费者带来了购买上的压力，也使生鲜电商的盈利难上加难。

✂ 生鲜电商发展的两个“拦路虎”：标准化和折损率

目前生鲜电商的渗透率极低，较高的产品成本、物流配送不够及时等原因限制了生鲜类产品销售规模的提高和辐射范围的扩大，而造成这些问题的主要原因不外乎以下两点。

（1）生鲜的标准化问题

标准化生产是制约生鲜电商发展的重要一环。消费者在面对生鲜电商时会有这样的想法：生鲜电商所提供的农产品在品相、口感、甜度等指标方面都是标准化的，不仅新鲜安全，而且整齐划一。但这只能是消费者一厢情愿的想法，因为农产品在生产过程中会面临土壤、水质、种植方式、管护等多方面的差异，所以生产出来的产品必然不会具备什么标准化特征，这对于颇具规模的农场来说也不是一件简单的事。

生鲜的完全标准化很难实现，现在我们所能做到的也只能是借助农产品包装实现半标准化。相信在未来生鲜的标准化会分为纯高端产品和普通生鲜两个极端，前者是高精尖产品，从生产到包装都是具备区域性特点的高品质产品；后者则是类如绿色蔬菜这类多以包装实现标准化的普通生鲜产品。

（2）折损率居高不下

生鲜产品的折损率居高不下是行内共识。有数据显示，国内的生鲜果蔬在物流过程的损耗将近 30%，而西方发达国家的损耗只有 5% 左右，相比较而言，国内生鲜果蔬的折损率实在是大得惊人。有人认为冷链物流的不完备是造成高折损率的主要原因，其实不然，农产品本就不是适宜长途运输的产品，再加上

不成熟的农产品加工技术和现有的消费习惯，必然导致运送过程中产品腐烂、损坏等问题，造成产品损耗的同时也提高了生鲜产品的成本。

对于生鲜电商来说，折损率居高不下不仅会增加生鲜电商的成本，更严重的是会降低消费者的信任度。消费者渴望原生态的产品，但是面对收到的有残次的产品必然会产生抱怨，使商家不得不以隔日供货、预售等手段来赢回消费者的心。生鲜电商所面临的这些问题是鞋帽服装、3C产品这些率先进入电商领域的产品从未遇到的，而这就需要生鲜电商绞尽脑汁寻求高效的解决方法。

就目前来看，首先要做的就是提高农产品加工技术，在农产品生产初期就将其打造成便于流通的商品，并借助专业化的手段做好单品的销售和推广。然而对于电商平台来说，单品经营不足以扩大销售规模和覆盖范围，这就需要生鲜电商进行多样化的产品组合，走单品合作之路，即与不同类型的农场、加工基地建立合作关系，将多种经过专业化预冷处理和包装的标准化产品集合售卖、配送，既节约了物流成本，又帮助生鲜电商积累了良好的口碑。

我们所说的**多样化产品组合，不是说产品越多越好，而是要注重衍生产品的多样化。**这需要生鲜电商在把握好农产品初加工之外，深入挖掘农产品深加工技术，并在包装技术上下工夫，满足消费者的多样化需求，就如同餐桌上的一鱼多吃。生鲜电商要在确保产品质量和食品安全的同时，对生鲜产品从形态、包装及其他方面进行多样化处理，从单品上挖掘客户需求，实现生鲜销售的多个市场着力点同时发力，为消费者提供更优质的产品。

除此之外，**生鲜电商要与不同的生产基地开展合作，从农产品源头选取最优质的产品。**这一点京东就做得非常好，不仅在新疆阿克苏、山东、海南等地承包土地分别种植葡萄、樱桃、荔枝等地域性非常强的水果单品，也在河北高碑店、山东烟台等地建立了农产品直供基地，这种自然种植的方式，可以更有效地保证果蔬品质，同时这种原产地高品质的果蔬直供也提高了消费者的信任度，更好地降低了折损率。

✕ 生鲜电商的两个“抓手”：标准化和品牌

（1）标准化生产

上游货源的竞争和对供应链的把控是电商竞争的焦点，而要想在竞争中占据有利地位，首先要解决的就是标准化问题。商品标准不统一对于生鲜产品来说是巨大的挑战，因为产品质量不一致会导致市场产品差异过大，无法进行统一的识别和分级，最终导致市场品牌分散。

为保证高品质的货源，实行标准化生产是最根本的举措，以此来加强农产品的质量安全把控，为消费者提供标准化的高品质农产品。具体来说就是要自己设定或委托农产品研究机构制定输出生产标准，通过这些细化的标准对农产品从种植、采摘到包装都进行全方位把控，降低差异性，扩大相似性，最终实现农产品的批量化生产，保证生鲜电商的货源稳定。

山东枣庄的 6000 公顷的樱桃林就是设定了细化的生产标准，采取了标准化栽培、严禁使用违禁农药等措施，为消费者提供高品质的绿色樱桃，同时又实行分级销售等举措为其“诚信樱桃”赢得了不俗的销售战绩。

标准化的实现不光需要在种植、采摘、制作以及包装等生产初期制定细化的生产标准，还需要借助标准化的生产技术规程解决果蔬生产过程中的病虫害问题，建立相应的果蔬生产店址档案系统，为农产品生产者提供科学的病虫害防治措施，从而提高果蔬的安全等级，为消费者把好食品质量关。

（2）品牌打造

对于消费者来说，记住品牌比记住产品要容易得多，换句话说品牌就意味着质量有保证，所以生鲜电商要想做大做强，打造品牌是十分重要的手段。

生鲜产品在标准化生产的过程中实际上就已经具备了品牌化基础，电商所提供的批量高品质产品会使消费者产生品牌概念。对于生鲜电商来说，要想建立品牌就要从产品品质的差异性上下功夫，因为消费者无须对同品质、同类型的产品进行识别。所谓的品质差异性实际上就是要求电商更多地关注自身产品的品质，提供品质优良、绿色安全的农产品，使其产品在品质上更容易得到消费者的认可。

农产品的品质会受到地域、土壤、光照、温湿度等自然条件的影响，所以即使是同一品种也会由于地域的不同而产生品质差异，所以要想打造品牌产品必须要选择农产品种植的最佳区域，或者对同区域的农产品进行生产标准的制定，以生产出具备统一品质的农产品，这样有助于农产品品牌的塑造，从而吸引消费者的关注。

生鲜电商经营者要想打破生鲜行业的困境，最根本的是要注重标准化生产，从种植、采摘到包装多方面对生鲜产品进行全程把控，再根据其品质级别塑造品牌，从而实现生鲜电商行业的长久发展。无论是当前的预售、现售模式，还是未来衍生的其他生鲜电商模式，都无法脱离产品这个核心内容，所以我们仍要以标准化产品为本，塑造高口碑的品牌，最终实现生鲜电商的良性循环。

生鲜电商发展的 5 条可行道路：成功的案例带给我们的启示

近年来，互联网的普及为人们的购物带来极大的方便，生鲜电商就是在这种便利的环境下变得炙手可热。进入生鲜电商行业、投资生鲜电商项目、关注冷链物流配送的人络绎不绝，但是冷链配送困难、食材同质化严重、价格促销战激烈等行业性问题也阻碍着生鲜电商的发展。

有5条可行的道路摆在生鲜电商的面前，而且每条路都有成功的案例，这很值得我们借鉴一下。

✕生鲜电商快速发展须具备的五重战略性能力

生鲜电商凭借其对经营生鲜业务的经验以及生鲜资源的积累，再加上持续运作“生鲜价值链”的能力积累，他们已经具备了运作“生鲜电商产业链”的能力，这是保障后期生鲜电商发展的重要能力。生鲜电商要想快速发展必须具备五大战略能力。

★对生鲜产品的精选能力

长久以来，生鲜电商已经具备对水果、蔬菜、海参等产品的鉴别及分级能力，对各种不同的农产品食材也十分熟悉，所以，采购能力已经具备。此外，针对时令和农药对农产品的影响，可以做出有效判断，这些都是生鲜电商长久发展所应具备的基础能力，也是必备的战略能力。

★冷链物流配送能力

“最后一公里”是生鲜电商在冷链物流配送过程中的一个“噩梦”。要想增强物流配送能力，生鲜电商应拥有自己组织的冷链物流配送团队，或者通过以大学生和白领为主要参与人员的“众包物流”，或者引入“生鲜社区配送”资源，用来弥补电商在农村发展中的缺陷。

★烹饪指导和服务能力

顾客从网上订购生鲜食品，要让顾客觉得产品好，光把产品送到家门还是

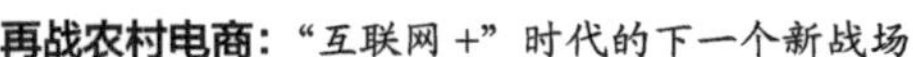

不够的，电商们还需要做好售后服务，即对美食的烹饪作出指导，教给顾客怎么做才美味。在顾客购买食材时，指导他们精选食材，在烹饪时，对烹饪方法给予指导，只有真正对顾客用心，生鲜电商才能走得长远。

★用户的高美食消费黏性

生鲜电商的核心消费者是"美食用户"，根据这些美食爱好者，生鲜电商进行食材选购和食谱研发。在移动互联网时代，生鲜电商可以与美食用户在网上进行交流、沟通，从而获取更多用户对美食的一些需求信息，从而尽可能地满足顾客的要求，这样电商与用户的黏性就大大提高了。

★多屏终端联动能力

在未来，生鲜电商可能会拥有多个终端应用程序，如App、微信商城、微官网、终端数字屏等，每个应用程序有相对应的主要人群和应用场景，终端程序间的端口互通、内容联动、活动互动起着至关重要的作用，因此，生鲜电商应注重对多屏联动的塑造，强化多屏终端的自主建设和彼此联动，从而推动生鲜电商的快速发展，让更多的生鲜消费者从中受益。

✕生鲜电商的 5 个可行方向

生鲜电商不仅仅是对农产品的电商销售和对美食烹饪技巧的指导，而是以精选食材和农产品为基础，强化集合类产品、增强用户体验、彰显生活方式等。生鲜电商有其必备的战略资源能力和发展方向。

（1）**第一个方向：品类垂直方向**。代表品牌是天天果园，其典型做法有如下两个特征。

★凸显农产品品类大集合

优秀的先决条件——强大的农产品资源和较好的食材集合是生鲜电商做垂

直模式的优势所在。致力于“品类垂直”的生鲜电商在做大产品和大集合时，可以选择最优秀的生鲜品类。如“天天果园”通过与国内外产地建立长期的合作关系，选取世界级的水果，为保证水果品类的大集合和大会聚等，举办了“美国水果节”，为顾客提供一站式的“水果享受”。用户也可以根据自己的消费场景对各类生鲜产品进行精选，天天果园为用户提供“多品类的组合”，如“办公室美食套餐”“家庭美食套餐”“宿舍美食套餐”等。

★创造重度产品内容

与其他的生鲜电商相比较，“生鲜垂直电商”的最大特点在于它是产品和消费场景的最大集合，它贯穿了生鲜用户消费的全过程，将产品内容更全面、更精深、更透彻地展示在用户的面前。天天果园将每一类水果的来源、产地和故事能详尽地描述出来，并纵向对比不同种类的水果，以此做出更加深刻、精细的内容展示，还利用微信和微博向大众传播多样化的产品内容，以此吸引用户的眼球，引发用户共鸣。

（2）**第二个方向：自然生活情怀**。代表品牌是本来生活，其典型做法有如下两个特征。

★卖情怀而非单产品

顾客在购买生鲜产品的时候，也彰显了顾客的一种生活方式，这样生鲜电商所卖的产品就不只是一种食物，而演变成了一种“生活介质”，产品如果得到用户的喜爱，慢慢用户就会对产品形成一种“消费情怀”，这种产品就成了一种象征。如本来生活，它在选择产品时就能极大满足用户对产品的消费情怀，像其选择的“褚时健”先生的“橙子”——“褚橙”，不仅对“褚橙”的外表、味道、种植管理做出详尽描述，而且把它上升至一种不惧艰难困苦的“人生情怀”，由此吸引了大量的顾客，受到大家的青睐。在这之后，本来生活又推出了“柳桃”

和“潘苹果”，这些都被赋予了不同的“人生情怀”。这种市场运作，极大地推动了生鲜市场的发展，它的成功值得我们思索。

★倡导自然生活情趣

如果将“卖情怀”的成功原因归结为是将生鲜产品的外延扩大了，那么，卖“自然产品”就是对产品本身的一种特性回归，生鲜电商对生鲜产品本身、自然特色、自然情趣更加关注。如本来生活网，它在讲述“人生励志故事”的同时也会强调“自然生活”，从描述“自然产品的特性”到讲述“自然情趣的内容”，再到追溯“自然生活”这一主题，通过种种讲解，将自然情趣与本来情怀紧密联系，二者相得益彰。

（3）**第三个方向：锁定价值人群**。代表品牌是莆田网，其典型做法有如下两个特征。

★锁定价值人群做突破

目前，购买生鲜食品的大多是中老年人，青年人和中年人使用网络购买的比例不断增加。像普通菜市场和便利店中，大都能够满足人们日常生活中必需的“大众化”食材，这给生鲜电商打来冲击和挤压，所以“生鲜电商”选择了“特色化生鲜食材”这一发展方向。如莆田网，它将消费者定位在国内的中高端白领和在华外国人，通过提供中高端的特色食材和对高端食品的安全与健康的保证，赢得市场占有率。

★专注中高端特色食材

作为生鲜电商，我们在关注中高端消费人群的同时，对中高端特色食材也给予相应的重视，电商为用户提供一站式、集合式和定制式服务。如莆田网，它在为用户提供食材的时候，可以提供各种不同的语言，如英文版、日文版、韩文版，还为用户订制了精美的卡片和各种套餐，此外还有各种烹饪食谱，像“至醇汤品”“健康色拉”等，这些都得到了广大用户的喜爱。

（4）**第四个方向：社区生活**。代表品牌是爱鲜蜂，其典型做法有如下两个特征。

★专注社区服务

生鲜电商不仅提供生鲜商品，还提供烹饪服务指导，它属于生活服务类电商，主要为社区内的消费人群提供服务，并逐渐成为社区服务必不可少的一部分。其实，生鲜电商在配送生鲜产品的的同时，还可以销售其他产品。如爱鲜蜂，除了销售冰激凌、酸奶、星巴克、小龙虾，还销售香烟和蚊香等生活用品，在生活用品上下工夫，并与线下的便利店和小超市相结合，共同为社区服务。

★通过“物流众包”进行配送

生鲜电商在物流配送上有两大方面难题：一是“生鲜产品”冷链物流配送难，二是用户要货比较急、对发货的速度要求较高等。用户对生鲜电商的物流配送提出了更高的要求，因此生鲜电商在配送货物时应强化“众包式”物流，充分利用社会力量，与更多的社区便利店和小超市进行合作。如爱鲜蜂，它从两个方面着手，把“众包式”物流做得有声有色，一方面是通过与社区内众多的小商家进行合作，提供更加快捷、方便的社区配送；另一方面是通过开展“线下配送服务”，为店主们提供配送车等规范化服务。

（5）**第五个方向：内容导向**。代表品牌是豆果美食，其典型做法有如下三个特征。

★聚焦美食内容

生鲜电商对内容的需求不仅包括对生鲜产品的介绍，还包括对生鲜产品的烹饪指导。在对生鲜产品的介绍方面，主要包括对生鲜食材的选择、

产地介绍和品牌介绍等；在对生鲜产品的烹饪指导方面，主要包括菜品烹制、菜谱构建和现场烹饪等服务。而生鲜电商在发展的过程中，想要把“生鲜电商品牌价值”长久地传递下去，就需要对食材更加精挑细选，对烹饪的指导更加细致化，对美食内容的传递次数更加频繁。像国内领先的“美食电商”——豆果美食，它的内容设置相当丰富，不但包括食谱和菜系等内容的介绍，还提供食材和烹饪指导等多样化服务，不仅内容丰富，而且很具实用性。

★强化社区互动

目前，生鲜电商还处于“商品交易驱动”阶段，随着电商的发展，最终会进入由“美食社区”主导的阶段。食客的讨论和互动有效促进了生鲜电商的发展，提高了社区的经营水平，并提升了生鲜食材的销售额。像豆果美食，它除了在网络上设有微社区之外，在线下也通过举办美食交流会、大厨烹饪指导活动等，提高用户的积极性，拉近与用户之间的关系。

★通过电商变现

单纯的“生鲜电商”并不能做得强大，只有与“美食电商”相结合，二者才能彼此完善、相得益彰。生鲜电商具有商品完善、品类完整的优点，而美食电商不仅有美食内容，还有社区资源和用户黏性，所以，将二者紧密结合，生鲜电商就可以通过强化内容经营，进而提升“用户黏性”，美食内容商也可以通过“生鲜电商”变现。像豆果美食，通过“优食汇”将“生鲜电商”和“美食电商”结合起来，然后经过连续的“美食内容”提升用户黏性，同时，“优食汇”通过美食套餐推动电商销售，不仅提供单一的食材，还提供调料、厨具等材料和工具，相当于一整套的“厨房美食解决方案”，这种一站式服务，充分满足了用户对美食烹饪的需求。

“O2O+ B2C”混合模式：从国外典型案例看中国生鲜电商未来

随着电子商务的发展，人们的消费行为和消费习惯也在悄然改变，超市、菜市场里常见的水果蔬菜也出现在互联网上，生鲜市场成为电商领域的下一个蓝海。

但从水果生鲜市场，自从出现了“褚橙、柳桃、潘苹果”三大巨头，跨界融合已成为行业发展趋势。而与生鲜市场密切相关的物流行业，也开始布局，2012 年 5 月，顺丰优选正式上线，随后，外资电商巨头亚马逊正式推出了生鲜馆，京东、阿里巴巴也吩咐布局生鲜市场，相继推出生鲜频道。2015 年 5 月，本来生活网开展生鲜 O2O 项目，进行本来便利的试点。

烟草、IT、房产、电商、物流等各个领域纷纷试水生鲜市场，他们在布局生鲜市场方面存在共同点。虽然他们在各自的行业内发展得风生水起，但原有的商业模式却并不适应生鲜市场的发展。

据中国电子商务研究中心监测数据显示，2014 年我国生鲜电商交易规模达到 260 亿元，与 2013 年相比，增长 100%。生鲜电商市场容量每年以 50% 的速度增长，预计到 2018 年，生鲜电商将突破千亿元。虽然生鲜电商市场潜力巨大，但真正盈利的农产品电商平台却很少。2014 年，我国涉农电子商务平台已有 3 万多家，其中有 3000 家的农产品电子商务，却几乎都在亏损。

这种状况在生鲜市场很常见，因为生鲜市场的经营模式与 3C 产品的经营模式并不相同，不能根据生鲜的产地，就知道其口味，同时也不能保障生鲜产品

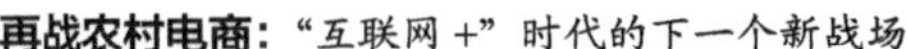

在运输途中的质量不受损耗。

生鲜电商不同于其他行业的电商，有其自身的特殊性，因此，它在未来的发展模式也不同于传统零售商品和 3C 产品的经营模式，而是“O2O+C2B”模式。

※ 生鲜市场的独特性

生鲜产品指的是没有经过深加工，只是简单地进行了保鲜处理就上架销售的产品，同时生鲜也包括面包、熟食等现场加工类商品。它的特点是由于保质期比较短，因而对存储条件要求比较高，需要保鲜、冷藏、冷冻等；对于散装的产品需要进行称重包装打条码，最后再销售。目前生鲜商品主要包括水果、蔬菜、肉品、水产、干货及日配、熟食和糕点等。

由此也可以看出，生鲜产品不同于传统的零售商品和 3C 产品，生鲜产品的保质期比较短，对物流配送的要求比较高，尤其是冷链物流，而生鲜市场所主打的消费对象的消费习惯也比较多元化。再加上生鲜市场的现有秩序还比较混乱，缺少统一的管理标准，商家的信用较低，消费者难以放心选购。这些生鲜市场的独特性决定了在布局生鲜市场时，需要下足功夫，如提高物流配送能力，发展冷链物流；加强对生鲜产品的产地以及质量的监控；培养消费者良好的购物习惯等。

随着国家政策的推动，生鲜食品的规模将加速增长，预计 2015 年，冷链食品的需求将增长到 4.5 亿吨。未来，生鲜产品将成为继服装和 3C 之后的第三大品类，在互联网零售品类中占比超过 10%，生鲜市场将出现强者越强、弱者越弱的现象。

同时，我国冷藏车、冷藏库、铁路冷藏箱运输的年运量也将持续增长，满足生鲜市场的货运需求。但是，与生鲜市场巨大的货运需求不符的是它的低效率。2012 年，我国进入流通领域的农副产品价值总额为 2.45 万亿元，同涉农电商仅占 1% 左右，生鲜电商仍处于探索发展阶段。

生鲜市场巨大的货运需求与低效率的矛盾，亟须全新的商业模式。

※生鲜市场 O2O 的典型案例

目前，我国的生鲜市场还是以 O2O 为主要的商业模式。

O2O 即 Online To Offline（在线离线 / 线上到线下），这种模式可以有效地将互联网与线下的商务相融合，借助互联网提供的平台发展产业。O2O 模式注重消费者的体验，以线上支付和线下体验为特色，非常适合生活服务类电商行业，而生鲜市场作为生活服务类市场的一部分，O2O 也能满足其需求。线下市场保证生鲜产品的质量和品质，线上平台则展示产品，吸引消费者购买，并提供立即支付服务。O2O 模式从 2013 年开始迅猛发展，积极与本地化和移动设备向融合。

生鲜市场的发展有其独特性，相比于传统的零售商品和 3C 产品，生鲜市场的发展比较缓慢。即使是国外专做生鲜食品的电商（如 FreshDirect、PeaPod、Ocado、AmazonFresh 等），也都没有形成完美的商业模式，而国内的生鲜电商更是处于探索阶段。

众多的电商看到了生鲜市场广阔的发展前景以及目前巨大的需求量，纷纷进军生鲜市场。有数据显示，2013 年国内农产品市场企业已超过 2 万家，但 10% 左右的企业还尚未盈利。

※美国生鲜电商“Farmigo”的启示

Farmigo 名字可以分成 farm、I 和 go 三部分，表明 Farmigo 网站是将农村和用户连接起来，为他们提供交流沟通的平台。Farmigo 以其独特的经营模式，被多家媒体誉为“创新在线农产品销售平台”。

对于农民来说，Farmigo 拓展了农民销售农副产品的渠道，农民可以通过 Farmigo 销售农产品；对于消费者来说，Farmigo 方便了其日常生活，只要在用户所在社区专属的 Farmigo 网站上“点菜”，当地的农场就会配送消费者所订购的食品。

由生鲜市场的独特性所决定，Farmigo 网站将自身定位高端食品市场。

与其他电商不同的是，Farmigo 打破了传统的商业思维，真正做到以人为本，关注人性，强调满足消费者的需求，为消费者提供专属化、定制化的服务。Farmigo 在其经营中创造性地融入了“食物社区”的理念，根据消费者的地理位置划分不同的社区，将这些社区作为消费者与农场联系的中介。

Farmigo 以满足消费者的需求为自己的经营目标。Farmigo 为每个社区都专门制作了购物网页，然后在将农产品的产品添加进来。在 Farmigo 中，带头人至少需要邀请 20 个朋友或者邻居加入食品社区，但是没有上限要求。同时，带头人还需要每两周进行一次食品需求的征集活动，而作为回报，带头人可以获得社区销售利润的 10%。此外，带头人还可以折扣价去购买食品。Farmigo 以这种方式激励带头人邀请更多的人加入社区。

Farmigo 的发展模式依然是 O2O 模式，它采用团购的销售方式，消费人数最低要达到 20 人，才会享受折扣优惠。通过折扣来吸引更多的人加入食品社区，从而提高销售量。Farmigo 所采用的团购方式可以有效避免产品积压、腐烂变质的问题，进而降低了物流和存储成本。从 Farmigo 的经营模式中，我们也可以看出生鲜市场对物流配送的要求极高。

生鲜市场巨大的需求量与低效之间的不平衡，催生出了全新的商业模式——“O2O+C2B”模式。由于国情的不同，以及市场需求状况的各异，美国 Farmigo

的 O2O 模式并不适用于国内市场，具体来说，主要有以下三个原因：

++

★**地形崎岖**：我国山地较多，平原较少，居民的思想意识比较落后，消费行为和消费习惯与市场需求不相适应；

★**饮食复杂**：我国有 56 个民族，饮食习惯相差较大，还需要很长一段时间来适应市场的变化；

★ **O2O 模式自身的弊端**：其渠道和供应链还不完善，缺乏统一的行业管理标准，造成信任危机。

++

由此可以看出，O2O 模式自身还存在诸多缺陷，如在渠道、供应链等环节的管理缺少统一的行业标准，无法为消费者提供优良的产品体验和解决信任问题，O2O 模式对线下商务和本地化程度的要求很高，强调在线支付，而忽视了产品自身的品质，对生鲜市场的定位以及需求还没有更深的理解等。这些劣势，使它难以适应生鲜市场的发展。

生鲜市场的未来：O2O+C2B？

2014 年，注定是 O2O 的觉醒之年，电商巨头纷纷布局 O2O 市场。虽然生鲜电商市场蕴藏着巨大的潜力，但单纯依靠 O2O 模式发展，却有很大风险性。由于生鲜市场自身的独特性以及 O2O 模式的弊端，生鲜电商必须探索出全新的商业模式，将 O2O 模式与 C2B 模式相融合，共同促进生鲜市场的发展。

O2O 即 Online To Offline（在线离线 / 线上到线下），而 C2B 即 Customer To Business（消费者对企业）。C2B 模式以消费者的需求为核心，类似于美国的 Farmigo 经营方式，以人为本，关注人性，根据消费者的需求生产产品。此外，

C2B 模式充分调动起消费者的能动性，产品的价格和种类由消费者决定，企业只需按照消费者的要求进行生产即可，或者消费者参与产品的生产和设计，产品的价格高低体现了消费者对它的需求和认可程度。

C2B 模式生产的产品主要有以下特点。

++

★价格相同。同一家工厂生产的相同型号的产品，无论在什么地方出售，它的售价不变。

★拒绝暴利。消费者决定产品的价格，并且产品的价格完全是根据它的功能而定。

★渠道透明。

★供应链透明。

++

C2B 模式的出现，恰好弥补了 O2O 模式渠道和供应链不透明的劣势，成为生鲜市场深受欢迎的模式。C2B 模式以消费者的需求为中心，能够提供定制化、专属化的服务，提升了消费者对商家的信任度。目前，C2B 模式已应用于生活服务类行业中，如服装类、家具类等。而在家具行业中，尚品宅配是成功运用 C2B 模式的典型。

目前看来，单一的经营模式（如 O2O、C2B、B2C 等）都无法满足生鲜市场巨大的需求量，促进其发展。未来，将是"O2O+B2C"和"O2O+C2B"综合模式的天下。

※英国 Argos 的"O2O+ B2C"混合模式

作为"O2O+B2C"模式的典型，英国的 Argos 超市无疑是一个成功的案例，它为英国 2/3 的家庭提供零售商品服务。与传统的零售方式不同，Argos 超市采用“线下目录销售 +B2C+O2O”整合的方式，为消费者提供多样化的服务，满足他们的长尾需求，开创了全新的商业模式——混合模式。

1973 年，Argos 超市建成。作为一家著名的连锁零售企业，Argos 超市经营的范围非常广泛，如五金、婴幼儿用品、运动用品、娱乐设施等，共有 17000 个品种。Argos 超市比较特殊的一点在于，它不销售食品，尤其是生鲜食品。“线下目录销售 +B2C+O2O”的混合经营模式给 Argos 带来了巨大的成功，在 2002 年 4 月—2003 年 3 月，根据 Argos 财务报表显示，Argos 的销售额已高达 30 亿英镑，而根据 2012 年 2 月的数据显示，Argos 的销售额已增长至 39 亿英镑。

Argos 超市的成功，也给了国内企业一些启示。

★线下门店购物体验便捷

消费者购物体验时间短，工作效率高，从目录选择商品、终端机查询库存、填单付款、拿号排队、叫号领取、核对商品、完成交易，总共不需 10 分钟。

★物流与供应链透明化管理

与传统的零售商店不同的是，Argos 超市完全采用信息化的管理手段。门店大堂不陈列商品，而是存储到后台仓库。消费者可以通过互联网查看商品的目录，确定是否还有库存。如果有，消费者就可以直接在线支付，完成交易；反之，消费者也可以下单，所预订的产品会在 1 ～ 2 天内到货，在很大程度上提高了效率，降低了成本。

★渠道透明

整合分散的资源，精准分析消费者的需求，实现渠道透明，让消费者放心购物，类似于 C2B 模式，以用户需求为核心。

★以消费者的需求为核心，提供规模化和个性化服务

进行充分的市场调研，了解消费者的需求，通过创新研发出自有品牌，为消费者提供个性化和规模化的服务。Argos 超市就是避开同类商品的恶性竞争，专门打造自有品牌。在选择产品的供应商时，遵循严格的评估体系，对产品的包装和生产有着严格的要求，或者供应商只需按照 Argos 提供的设计进行生产。Argos 的这种模式既满足了市场需求，同时又能获得盈利。

虽然 Argos 超市的发展采用"线下目录销售 +B2C+O2O"混合模式，但其中也包含着 C2B 模式，如以消费者的需求为核心，根据顾客的要求生产定制化的商品，为顾客提供个性化和规模化的服务。

但是，C2B 模式自身也存在一定的缺陷，如消费者多样化的需求，造成了生鲜市场的产品没有统一的规格标准，因而很难进行大规模作业。但是由于生鲜市场具有独特性、O2O 模式也存在缺陷，而 C2B 模式则能实现渠道和产业链的透明化管理，在一定程度上，弥补了 O2O 模式的不足，适应了生鲜市场的发展需求。因此，**未来生鲜市场的发展趋势必将是"O2O+C2B"混合模式**。此外，生鲜市场的发展也要立足当地，从本地的小市场开始发展，进而扩大规模，满足国内消费者的需求。

Part 6

农资电商：

“互联网 +”重塑农资流通模式，引发农业连锁变革

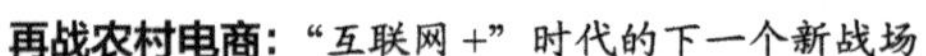

 电商 PK 供销社：农资电商元年，多方上演"抢滩大战"

如今，我国包括种子、化肥、农药等在内的农资市场规模已经超过 1.5 万亿元。随着技术发展和市场需求的多元化，新型农业经营主体对农资产品在质量、技术等方面提出更高的要求。随着"互联网 +"的兴起以及市场未来预估的乐观判断，2015 年以来，农资电商的领域受到更多传统农资企业、电商平台的青睐。因此，2015 年可以称得上是农资电商元年。

接下来，我们就对各家企业、平台在农资电商领域上演的"抢滩大战"进行分析，以对当前的"战况"有一个清晰了解和把握，最未来格局走向做出客观判断。

※ 田田圈：开启农资电商新时代

在当前发展态势下，不少农资企业纷纷转型做电商，如农一网、云农场等。在众多农资电商中，最具有典型性的，也是人气最高、设计理念更能迎合市场需求的当属田田圈。

++

2015 年 5 月 11 日，"田田圈互联网联盟"正式宣布启动，所属公司正是诺普信农化股份有限公司。常规电商一般采取网上抢购、低价促销等方式，省去传统环节以价格优势抢占市场。而田田圈不同，它同县级经销商联手成立县域综合服务中心，把原本的加盟零售商变为自己的员工，这样一来就把之前从厂商到经销商，再到零售商，最后到达农民手中体系进一步扁平化，实现从厂商、经销商、零售商直接送到农民手中的体系。

田田圈包括四个平台：田田圈 App，专门负责为用户分析解决技术上的难题；农资电商平台，为用户提供优质且价格合适的农资产品；农发贷，为用户提供资金支持；田田券，把真正的实惠送到农民手中。田田圈具有很大的开放性，其所引进的产品不仅限于诺普信，只要是优质的产品它都十分欢迎。在未来的发展规划中，它还将走出农资领域，涉足通信、日常消费品等。

田田圈已逐步推广到全国，目前，河南、湖南、广东等地乡镇级的田田圈农业服务中心店已经有 232 家正式挂牌，农资电商平台聚集了零售店近万家，农发贷的注册用户已有万人以上，签约金额超过 5 亿元。在未来两年的发展计划中，田田圈会把合作范围进一步扩大，争取与全国 200 家优秀经销商达成合作，并把服务点数量扩展到 5 万家以上，发展 50 万种植达人，让自己的服务能够惠及 5000 万会员。

++

✂ 电商平台将业务推进到千县万村

2015 年 7 月 14 日，江苏省沭阳县正式迎来了淘宝农资频道；7 月 16 日，在广东省农村电子商务发展峰会上，京东宣布进军农资电商领域。

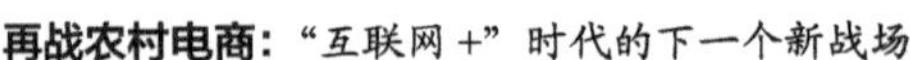

阿里巴巴旗下的淘宝农资电商制订了详细发展计划，拟用 3 ～ 5 年的时间，注资 100 亿元，建立 1000 个县级营运中心以及 10 万个村级服务站，覆盖全国县城的 1/3 和农村地区的 1/6，无论从数量还是覆盖率上都实现走进“千县万村”的效果。为了支持农资电商的发展，阿里巴巴菜鸟在全国建立起了 8 个超大型仓储，并在其附近建立了若干大型及大中型仓储。此外，其还与第三方物流公司展开合作，提高物流速度和效率，兑现“全国一天到货”的承诺。近三年来，农资产品上线淘宝逐渐形成一种风尚，数量在以每年 180% 的速度飞快增长。目前，为农村用户直接提供农资产品的农资卖家超过 10 万个，产品种类有百万之多。

淘宝农资频道上线之后，致力于打通供货与用户之间的渠道，确保农资产品从厂商跳过中间环节直接送到用户手中。为了完善这一流程，淘宝农资将对每一种作物的技术环节提出解决方案。此外，其致力于打造全农业产业链技术服务平台，为农户提供最优质也最实惠的技术服务。在物流配送方面，对于种子、农药等轻型产品可以走快递路线，而对于肥料、农机等大中型产品则有省级农资平台完成配送，当然订单、付款等流程还是在淘宝进行。淘宝农资频道还在平台上及时更新关于种植指数和养殖指数，提醒农户合理种植，不要盲从。

与淘宝走进“千县万村”不同，京东农资的计划重点在于县，即打造“县级服务中心”。其计划在 2015 年年内建成 600 家服务中心，募集 10 万名乡村推广员。这一服务中心为客户提供下单、配送等服务，并对其所辐射的区域内所有的合作点进行统一管理。目前，京东农资的队伍在不断壮大，自营配送人员达 3 万人，配送点覆盖 19000 个区县。自营物流的发展有利于平台对于运送速度和质量的有效把控。

京东采取的是循序渐进的发展方式。计划在 1 ～ 2 年之内，把业务从种子、化肥等产品逐步拓展到农机、农业技术、金融等领域。京东自身的供应链系统也比较完善，其将利用此来为农资产品提供完整的追溯服务。此外，自营物流和技术售后也将成为其为客户提供的两大亮点。在京东农资平台上，农民均可以享受推广员手把手的指导服务，可以放心选购优质且价格合理的农资产品，并且还可以货到付款、分期付款等，缓解压力，解除后顾之忧。此外，京东还与经销商和农资公司合作，力图打造京东农资的产业闭环。

跨界优化：线上线下互为补充

2015 年 7 月 16 日，农商 1 号华丽上线，一期投资高达 20 亿元。这是由中国农业产业发展基金、现代种业发展基金有限公司与东方资产管理有限公司、北京京粮鑫牛润瀛股权投资基金、江苏谷丰农业投资基金及金正大集团相联合，共同建立的农资电商平台，也是目前我国国内投资最大的农资电商。

在我看来，真正成功的农资电商应该汲取多方之优点，如在产品做到极致方面同小米一样，服务足够专业如春雨医生，物流保质高效像京东一样，快速便捷像滴滴打车省时省力，服务点覆盖如同邮政一般密集。

++

与田田圈不同，农商 1 号并不是完全开放的平台，目前只接纳国内外享有盛誉的冠军品牌，如金正大、鲁西、中化等国内品牌，还有瑞沃乐斯、硼砂等国外知名农资品牌。其品牌产品上线均有保险公司提供保障。

农商 1 号的操作尽量以"套餐式"简化流程，即除了单品之外，按照"肥料套餐""种植套餐"等方式分类，农户可以根据自己的需求进行选择搭配，并

依据经验来判断出产品性价比。同时，农商 1 号还利用互联网对农业技术专家资源进行整合，为农户提供一对一、面对面、专业化的指导。

农商 1 号同样建立了完整的线下体系，具体包括：区域中心，具体负责运输、仓储、管理等；县级运营中心，提供配送和农业技术的服务；村级服务站，在农民与电商之间形成桥梁，提供一系列利民服务。通过与多家物流渠道联合，农商 1 号计划在 3 ～ 5 年内建成一个拥有 1000 家县级运营中心、10 万个村级服务站的物流体系，能够覆盖农民会员超过千万。

++

供销社：把握"最后一公里"脉门

农资电商获胜的关键在于"最后一公里"物流脉门的把控，而供销社靠近农村市场，对农村和农民都比较了解，无疑是在其中掌握了优势。

经过从 2006 年到 2014 年的发展，全国供销社建立了较为完善的网络体系，基本具备了发展物流的基础。2015 年，其计划在 3 ～ 5 年内投资 60 亿元加快"网上供销社"的建设。

目前，县级供销社的作用在不断被挖掘，统筹区域发展，与全国平台实现有效对接。此外，县以下的经营网点不断进行升级改造，利用线下在地缘等多方面的优势，实现线上线下融合。在物流方面整理各地产品资源通过电商平台销售，在"最初一公里"和"最后一公里"实现高效配送。

如此一来，全国供销社系统被重新激活，并按照中央文件要求提供植保、测土配方施肥、产前种子等服务。而且在农药、化肥、再生资源等方面，供销社还拥有专营权。不难想象电子商务平台一旦在全国建立并实现大范围网点覆盖，其在农资电商领域的表现将会极为抢眼。

"大行业、小企业"：农资电商之路面临哪三个现实难题

随着城市电商市场的日益饱和，电商又将竞争延伸到农村。2014年，阿里巴巴开展农村电子商务；随后，京东也开始布局农村电商；乐视推出"乐生活"食品电商平台；恒大进军农业，互联网巨头们开始挖掘农村电商市场的潜力。

※ 农资电商发展的优势

据阿里和国务院发展研究中心预计，2016年全国农村网购市场总量将突破4600亿元。农村市场蕴含着巨大的潜力，而本身就基于农村发展的农资行业，如农药、化肥、种子等更是发展潜力无限，主要优势有以下4点。

（1）农资属于生产性支出，是刚性需求

每年，农民在农资上所耗费的费用占了总支出的很大一部分，并且随着农资价格的增长，农资在总支出中所占的比重将越来越大。如果电商能为农民提供物美价廉的农资，并且解决运输渠道问题，那么，必定能抢占农村市场。

（2）传统的农资销售渠道繁杂分散、流通不便，农资行业呈现"大行业、小企业"的格局

随着社会经济的发展，农村大量的年轻劳动力外出务工，土地流转的进程越来越快，土地种植趋向集约化。种植大户更加青睐那些品牌好、信誉高的农资企业，同时面对管理的土地越来越多，种植大户们更加需要专业的咨询培训、技术指导、测土配方、渠道双向流通等帮助。传统的"多级批发分销"方式已无法适应土地的集约化管理，针对这种情况，农资流通渠道的下沉是必然趋势。

（3）农资市场潜力无限

根据2012年发改委的一项调查显示，当年每个农户在农资上总共花费4369.59元；2014年，根据光大证券研究所数据显示，我国的农资市场容量超过1.5亿万元，其中化肥8000亿元，农药3000亿元，农机4000亿元。但在农资行业内，生产与流通企业对农村电商的参与度比较低，影响力大的农资电商企业还没有出现。随着经济的发展、时代的进步，互联网等高新技术逐渐参与到农村土地的种植中，为农资电商的发展奠定了基础。

（4）政策的支持

2015年5月7日，国务院出台《关于大力发展电子商务加快培育经济新动力的意见》，鼓励发展农村电子商务，为电商下沉提供了有利的外部环境。

2015年年初，国家四部委联合发布文件，鼓励发展先进的农村物流运作模式。该文件表示，国家将大力支持电商、物流、商贸、金融等多个企业参与农村电商的构建，发挥第三方电子商务服务平台的应有效用。2015年，李克强总理在《政府工作报告》中首次提出"互联网+"行动计划，鼓舞了农资行业。随着移动互联网的发展，农业将进一步现代化，并带来无限的发展空间。

目前，我国的农资行业还存在诸多问题，而农资电商的发展将有效解决这些问题。

++

★通过发展农资电商，解决传统社会信息不对称的问题，实现信息和资源的共享；

★农资流通趋向扁平化，减少了多余的中间环节，为农户节省了种植成本；

★能够有效规避假冒伪劣产品在农村盛行，使农产品经销商既能销售物美价廉的产品，又能获得利润；

★通过第三方电子商务平台，农户可以快速查询到产品的信息，从而节约时间和成本；

★农资电商建立的最大优点将是建立信任机制，消除农资赊销的问题。

++

※农资电商面临的三大难题

（1）农户网购习惯的问题

在传统社会，农户习惯亲自到商店中挑选、购买农资，但成功实现电商下沉，则要改变农户的消费习惯，从网上购物。培养农户的网购习惯是所有涉足农村市场的企业，尤其是农资电商需要解决的问题。

2013年，京东就开始布局三四线城市的电商，到2015年，京东已经覆盖全国近1900个县区的配送站点，并且建立了自营队伍，有近3万名配送员。与此同时，通过县级服务中心、"京东帮"服务店和其发展的乡村推广人员，深入农村，为农户答疑解惑，让他们了解商品的信息和售后服务的政策，挖掘农村电商的潜力。2014年11月国内首家网上农药直销平台——农一网上线，随后，云农场、农灯商城等农资平台纷纷运营，为农户提供服务。

但是，与普通消费品不同的是，农资产品的使用效果具有滞后性，类似于投资，其成果无法立即检验。在这种情况下，农资电商应如何建立信任机制，才能让农户放心网购？

农资电商可与知名度较高的品牌农资企业合作，从而提高信誉，让农户放心。互联网电商以农户熟知的品牌企业入手，通过他们打通农村营销渠道，并在保证产品质量前提下，以较低的价格出售。此外，农资电商还需要培养一批乡村服务人员，为农户提供售后服务，帮助农户制定种植方案；农资电商也需要建立一批试验田，以及农资合作店，为农户的种植做示范，消除他们的顾虑，进行产品营销，培养农户的网购习惯。

（2）物流问题

农资电商的成功实现是以成熟的物流体系为保证的。目前，我国农村物流的主要问题是过于分散。由于我国居民的分布属于"大杂居、小聚居"的状态，尤其是在丘陵、山地地区，农户更是分散，使得农村物流的成本高、速度慢，再加上返程空载，更是增加了物流成本。如何解决农村的物流运输问题成为困扰各大电商的难题。

电商在向农村下沉时，可以充分利用农村的现有资源。例如，利用农村的三轮车以及乡镇公交车等运输力量和村镇小卖部，解决"最后一公里"的问题，实现"梯次转运"。

++

★首先，电商将物流配送终端设置在交通比较发达的乡镇集市；

★其次，农村自有运输力量将配送终端与村镇小卖部相连接；

★最后，农户到村镇小卖部取货。

++

（3）与传统渠道利益冲突的问题

随着经济的发展，大量的年轻劳动力外出务工，致使土地流转的进程加快，种植大户们迫切需要专业的咨询培训、技术指导、测土配方、渠道双向流通等帮助。而互联网的融入则有效解决了这一问题，同时还培养了农户的网购习惯。但有一点可以肯定的是，传统的购买农资渠道在短时间内并不会失去市场，线上、线下渠道将在很长的一段时间内共存。

如何避免与传统的购买渠道相冲突，甚至与之成为合作伙伴则成为农资电商不可避免的问题。如果农资电商能够调整产品的营销策略，合理利用线上、线下两种资源，逐渐进行转型，引导农户习惯网上购物，并为用户提供优质的售后服务体验，那么，必将有利于电商的下沉。

目前看来，那些拥有大量的用户、发展前景良好的农资电商平台，都较好地解决了以上几个问题，电商的下沉还有很长一段路要走。

传统渠道 VS 电商渠道：农资电商未来发展趋势和可行性分析

农资电商在发展过程中遇到了很多阻力，如农村地区的物流覆盖范围有限、农户本身不习惯通过网络平台来交易消费等，不过随着社会不断进步，农资电商拥有了更多的发展机会，业内人士也对其发展趋势争论不一，但有一点是明确的：农资电商正在成为辉丰、京东等大商家争夺的新战场，很多企业都想抓住先机，发展成为农资电商领域的领头羊。

农资电商对现下农资渠道到底意味着什么，后续到底有可能朝哪个方向发展，我们首先对未来发展趋势与可行性进行一下分析。

农资电商会从哪些方面改变线下农资渠道？它的发展趋势是怎样的？现在我们来分析一下该模式的可行性和它未来的走向。

※ 传统渠道 VS 电商渠道

图 6-1 向我们展示了电商渠道和传统渠道的区别所在。

立足于渠道的角度，电商指的是厂家运营的另一种途径，它能使商品销售路线延伸到农村地区，可以直达零售商或者更进一步到达大农户。农资电商未诞生时，一部分厂家也试图延长自己的销售路线，但效果并不理想。大部分厂家为了降低经济风险或受限于本身能力不足，会选择与经销商联合经营，这种传统方式很难与零售商和大农户接触。

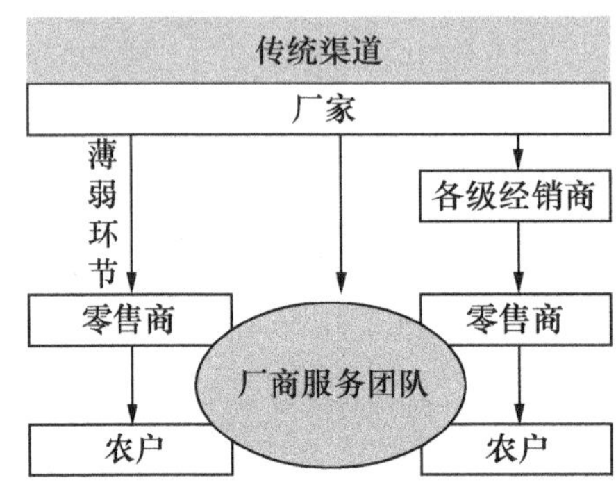

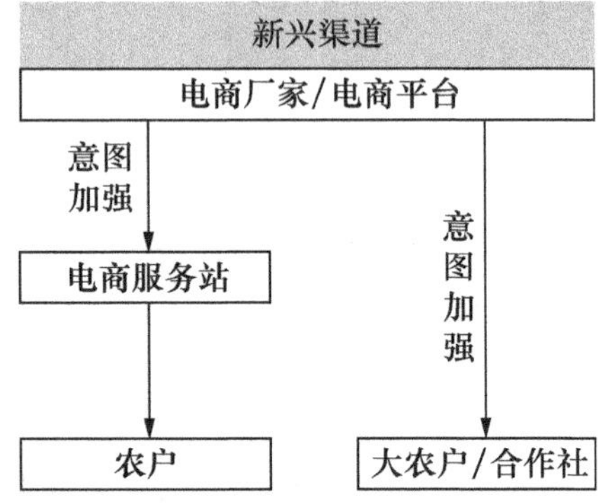

备注：传统渠道中，部分大农户、合作社已经开始绕过零售商找经销商甚至厂家直接拿货。

备注：新兴渠道中，厂商意图加强渠道扁平化，不过目前的电商中，缺少厂商服务团队这一环，且物流配送上还有待优化。

图 6-1　农资领域电商渠道和传统渠道的区别

社会在不断进步，农村地区的土地流转现象频繁出现，大农户作为生产商的终端消费者会逐步聚集起来，固守传统思想的大农户也会逐渐被那些思维方式进步的新一代人逐步代替；互联网设施不断完善，农户对网购的接受度也会提高。所以，厂商在这时建设电商平台是顺应时代发展趋势的。

不过电商很难在短时间内扩大规模或迅速获取利润。因为当下新兴产品和核心产品通过网络平台发展的还不多，其利润主要来源于传统渠道，网上农资需要在探索中逐渐积累经验。

如今的电商渠道越过了各级经销商，可以与大农户和零售商直接接触。一部分零售商在这个模式中承担了电商服务站的职能，除非是零售商的利润遭到侵害，否则是不会受到干扰的，不过是分销来源从经销商转变为现在的电商，与云农场的运作方式有共同之处（农户在网络平台交易，把费用打给云农场，零售商发货后，农户确认收货，云农场将费用转给零售商）。

只是现阶段农户还不是很集中，他们也不熟悉互联网操作，厂商想直达农户恐怕很难。不过随着时间迁移，大农户逐渐集中，他们的操作水平也会提高，厂商想直达农户的话，可能通过电商平台负责销售、加强服务站建设及联手物流公司的方法来实现。

我们看看如果以农村地区居民为销售终端，通过零售店和农资电商模式实现有哪些优势和不足，如图 6-2 所示。

零售店：

优势	劣势
1. 实物展示	1. 价格
2. 技术服务	2. 赊销（既是优势又是劣势）
3. 物流服务（点对点，及时）	3. 部分大户向经销商甚至厂家拿货
4. 赊销支持	4. 农资环境的白热化竞争，红海
5. 风险保障（药害，肥害，种子问题等处理）	
6. 客户群体广泛（大户/散户/合作社）	
7. 一站式购齐	
8. 客情	
9. 种值户偏向现场交易	

农资电商：

优势	劣势
1. 价格	1. 物流
2. 模式前景（土地流转、网络应用水平会改变种植户购买农资的方式）	2. 技术服务
3. 农资电商才起步，相对蓝海，进入者具有先发优势	3. 现金操作
4. 现金交易	4. 服务群体单一（大户）
	5. 种植户品牌认知度偏低
	6. 农户对电商不熟悉
	7. 目前难以一站式购齐

图 6-2　零售店和农资电商的优劣势分析

影响农资电商发展的 6 大因素

在零售店和农资电商两者的对照分析中，可以概括出在以种植大户为销售

终端的农资电商的发展中遇到阻力有以下几方面，如图 6-3 所示。

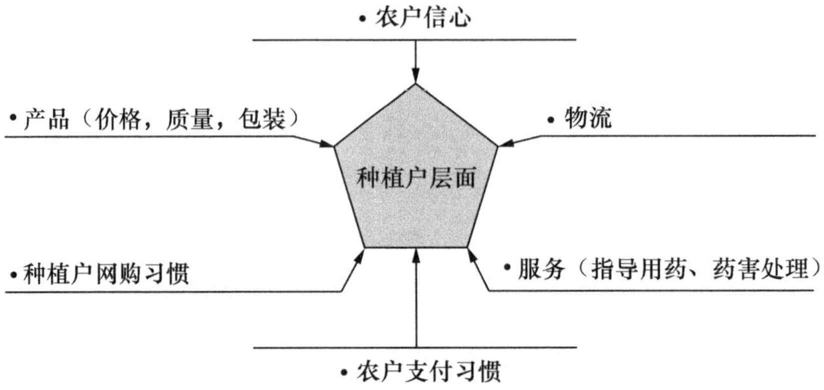

图 6-3　影响农资电商发展 6 大因素

这 6 种因素依照其重要性排列如下：

++

★种植大户网购习惯（不习惯网购，没有经历过电商模式）；

★农户网购农资的信心；

★产品（价格、质量、包装）；

★服务（包括指导用药及解决农资方面的投诉）；

★物流；

★农户支付习惯。

++

如今，农户网购因为受到这些因素的限制而发展缓慢，可以通过什么样的方式和途径来缓解和解决这些问题呢？如图 6-4 所示。

（1）种植户网购习惯

购买农资是一方面，农户也不习惯在线上购买家用电器和其他生活用品。因为不会网络操作，种植户的网购习惯需要慢慢培养。这种习惯的形成会大力促进农资电商的发展，也会对其他想要把农村作为线上市场开辟地区的大型电商企业产生巨大的价值。这些大型电商企业是否有所行动呢？

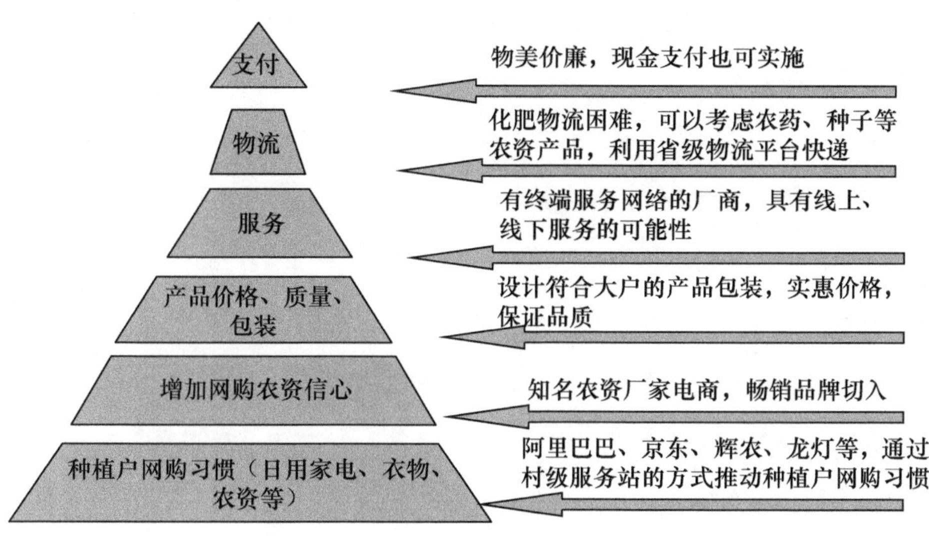

图 6-4　解决农户网购问题的可行性探讨

+++

★阿里巴巴计划在农村地区部署它的电商发展规划，他们于 2014 年 10 月 30 日正式启动“千线万村计划”，并为该计划投资 100 亿元。阿里巴巴自上市以来制定了三项大的发展规划：国际化方向、大数据和云计算方向、农村电商方向，可见农村电商的价值所在。

★京东非常注重配送体系的完善，到 2014 年 3 月末，该体系已经涵盖我国 495 个城市，2015 年，京东还会继续扩大其覆盖范围，这会极大地方便农村地区居民的日常生活，丰富他们的消费，京东还有一个计划是在农产品生产者与城市消费者之间搭建桥梁，使农产品可以直达城市消费终端，增加农民受益。

★苏宁也计划在农村地区建设全面的服务体系。

★农一网搭建起我国著名农药企业与农村地区的桥梁，借助互联网平台，

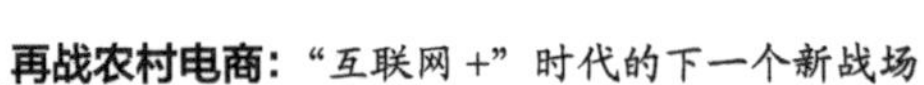

使农业公司、农村地区的零售人员和专业合作社及大农户可以在网上下单买药。它采用的是门户网站、工作站及农村信息化服务站点三者结合的经营方式，这是该模式第一次被实践。这样能够减少农药在中间环节出现的质量问题，切实满足种植户的需求。

++

（2）增强种植大户网购农资信心

农资产品与家用电器和其他消费品的区别在于，此类产品与种植大户的生存问题挂钩。在农户中知名度较高的厂商开始发展自己的电商平台，向消费者提供高性价比的常规产产品，让种植大户对网购农资的认可度不断提高。

有的厂商具备优秀的推广部门，可以在实行线上线下一体模式的过程中，为种植大户提供有关自家产品线上平台的质量内容。有些厂家掌握了种植大户的资源，可以通过各种渠道加强与他们的联系，在与其他企业竞争时把握先机。还可以为部分种植大户提供上门服务，教会他们怎样进行互联网操作，发挥消费者的口碑传播作用，使越来越多的大户加入到网购队伍中来。

（3）产品价格、质量包装

依据大户的偏好来设计包装，采用与实体店经销的产品不同的规格。也可以调整产品的比重，避免出现线上线下两种销售途径冲突的现象。不过要以高品质产品为基础，制定恰当的价格。

（4）服务

在网络平台上为用户提供与产品相关的信息咨询服务。那些具备优秀推广部门的厂家可以发挥自己的长。在与大户交易时掌握客户信息，提供上门服务，帮助他们解决相关问题。这样不仅能在线上宣传，也能在服务过程中推广自己的产品。

(5) 物流

对于农药或农作物种子这类产品来说，可以直接抵达消费终端，而化肥产品的配送对物流体系的要求比较高，也可以在农村地区建设电商服务站。

(6) 支付

若是商品的性价比高，现金支付也非常有可能实现。农村的土地流转还在进行当中，农资销售渠道势必向扁平化方向发展，电商模式在该领域的运用，会缩短该趋势发展的进程。因为物流体系方面的限制，农药及农作物种子生产商家实践电商模式的速度应该会比化肥类企业更快；具备优秀服务体系的企业，比那些服务体系不完善的企业要更有实力，还可能会完成线上线下产品服务的一体化。和种植大户或专业合作社接触时，能够开拓思维、实现发展创新。

※推广团队的潜在电商化分析

厂家实践电商发展模式后，渠道与之前相比有什么不同之处呢？如图 6-5 所示。

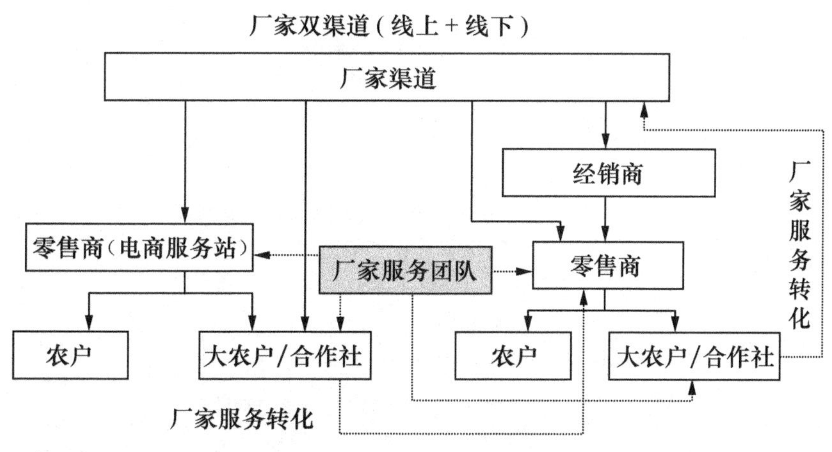

图 6-5　厂家实践电商模式后的渠道变化

采用线上线下结合发展的方式，那些具备推广部门的电商企业可以把线上推广的产品尝试在线下发展，也能把农户吸引到网络平台来进行交易。

对生产商而言，农资电商的渠道有两种：针对内部客户的电商平台和开放型客户电商平台，图 6–6 是对这两种渠道的分析。

原厂家核心零售商常规产品（原渠道利润低只谈政策，已不用谈推广的产品）

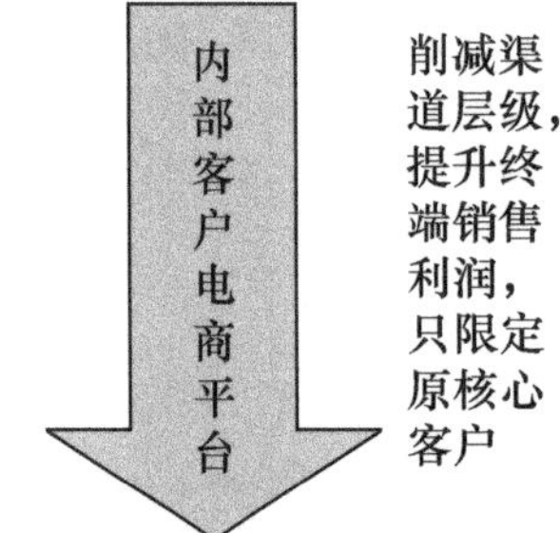

针对自身核心零售商搭建的网络销售平台

大规格热卖产品适合于大户，或者零售渠道有卖但专门做了一个网络渠道销售包装的产品

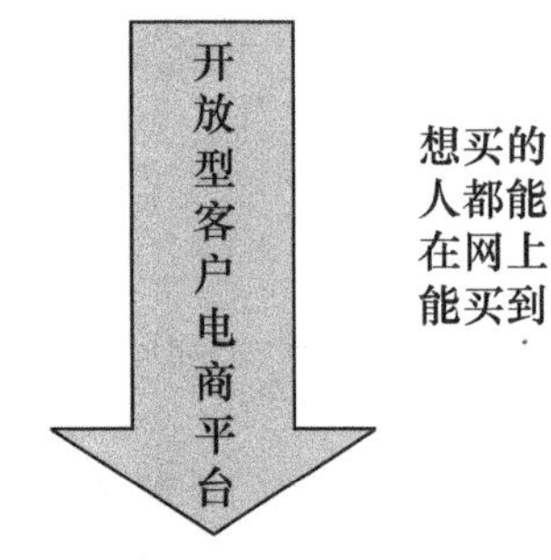

为种植大户或者零售商搭建的开放型网络销售平台

图 6-6　两类电商渠道

两类渠道的优缺点，如表 6–1 所示。

表 6-1　两类电商渠道的优缺点

电商渠道	产　品	优　　点	缺　　点
内部核心客户电商平台（自身核心零售商）	可用于常规热卖产品或者夕阳产品	通过提升零售商利润，对其他同类产品产生一定排他性，一定程度上增加其销售极性。同时零售商较早接触网络购物，可行性更高	缺少经销商支持，若厂家推广队伍建设不到位，或者厂家对市场管控不到位，热卖产品市场可能会乱

（续表）

电商渠道	产　品	优　　点	缺　　点
开放型客户电商平台（大户，零售商）	常规品、大路货，跟现有线下渠道没有直接冲突的产品，专门用于网上销售包装的产品	利用大包装，或设计网上销售专属包装，满足种植大户需求，规避渠道冲突；目前部分大户也开始向零售商要求低价销售，四处带货，干扰传统渠道价格，若能将其引导至电商渠道，也能缓解传统渠道冲突	新产品和核心产品不适用于该渠道

✂ 哪类企业做农资电商较易成功？

++

★自身品牌知名度高的企业；

★在销售端推广环节建设全面的企业；

★商品形式多样、在网络平台和实体店都不会出现供不应求现象的企业；

★掌握种植大户资源的企业；

★不会在产品渠道方面发生冲突的企业；

★应用先进信息技术的企业。

++

借助于网络平台的农资电商会与农资实体店共同发展，种植大户会逐步集中，操作能力不断提高，新一代种植大户的涌现，会使农资电商的发展速度加快。

虽然线上平台抢占了经销商的产品，但短时间内核心产品及新产品资源不会转移到线上平台，也有一些经销商一边进行线下品牌推广，一边借力于互联网发展模式，还有一些经销商联手厂家实践电商模式。农村地区的零售店数量增加，销售线逐渐延伸。现阶段的农资电商平台有品类之分，这是因为化肥产品需要高度完善的物流体系，所以既经营农药、种子，又经营化肥产品的综合型农资电商还未出现。

除了这些还有什么发展方式呢？从阿里及京东大规模涉足生鲜食品领域来看，农资电商还可能出现的方式有以下3种：

++

★建设针对农村地区的阿里巴巴和京东超市；

★实现商家直达农户，增加农户收益；

★与种植户达成协议，帮助农户生产高品质农产品，在收购环节制定产品价格，避免农户收益降低，使农户成为农产品销售方。

++

从农资生产商到农资服务商："领头羊"金正大的战略升级

移动互联网的发展使得农资的生态链发生了变化，作为农资行业的领头羊金正大已经开始准备从农资生产商向农资服务商的转型升级。2014年11月21日金正大成功募资20.6亿元，据悉该次募资将用于投资3个项目，其中在农化服务中心项目中总投资5.8亿元，募资投入4.3亿元。金正大计划在未来3年中完成农化服务中心总部建设并且将建立配套的100个农化服务中心。金正大此举意在提高农资服务水平，扩大品牌推广力度，使渠道下沉抢占更大的市场份额。

金正大的这个项目完成之后将会建成覆盖全国大多数地区的销售网络和服务中心，向全国性的农资电商平台迈进，实现农资与互联网的深度融合。以达成"世界领先的植物营养专家和种植业解决方案提供商"为目标，金正大将通过并购、融资、结盟等手段努力提升公司的综合实力与核心竞争力，下面我将为大家详细介绍金正大的农资发展战略。

※ 布局农化服务中心，提升农化服务水平

如今随着人们价值观念的发展，农村中的许多人选择外出打工，从而催生了一大批的种植专业户，他们的手中会有几十亩的耕地，更有甚至会有上百亩。这也为现代化农业的发展奠定了基础，相应的农业生产者结构的转变使得肥料、农药等相关的产品及服务也产生了较大的变化，逐渐形成了土地测量施肥、农业技术培训、灌溉设施布局等一体化的服务需求，农资企业也从传统的生产商向服务商开始转变。

农资行业的核心竞争力在于企业对于销售渠道的掌控力及品牌的凝聚力，实现农户服务与农资营销有机融合，实现企业与经销商及用户的协同发展，打造多方共赢、共创价值的局面。

2011 年 4 月 15 日，全国农业技术推广服务中心联合金正大共同启动了"农化服务万里行"活动，金正大将建设 500 个农化服务队，向农民提供缓控释肥"种肥同播"技术服务。而且金正大农化服务中心的建设将会为金正大打造一个兼具技术服务人员、场地、设备、仓储、销售、配送及农化服务功能，形成一个测土施肥、种肥同播、水肥一体、信息服务等一体化的综合服务体系。

斥资 3000 万元建设的农化服务中心总部开设四大平台，强化了企业大数据处理、在线农化服务、在线支付交易、在线推广营销能力，为企业向新型的互联网企业转型升级提供了现实基础。

农化服务中心项目具备以下 4 个方面的作用。

（1）**承担服务区域市场的作用**。在特定的区域内设立的农化服务中心将会有效结合当地的具体情况提供差异化服务，不同地区会有不同的经济作物，可以相应地为农户提供定制化及个性化的产品及服务，在水质、土壤、害虫治理等方面提出科学有效的解决方案。

（2）**承担农化服务平台作用**。农化服务中心中的农化技术人才，将会为用户在农业生产过程中所遇到的问题进行专业的讲解，定期为用户进行技术培训等。一方面改善了用户种植效率，创造更大的价值；另一方面提升农业产品的质量，提高产品附加值。

（3）**可作为渠道下沉的基础**。农化服务中心能够成为金正大市场区域垂直细分的基础与平台，能为产品的推广产生积极的作用，依托农化服务中心还可以开展农资的其他业务，逐渐扩大金正大的市场经营范围。

（4）**农化服务中心还可增加上市公司的利润来源**。金正大将农户服务中心定位为独立的法人，同样作为一个利润中心将来能够自负盈亏。建成之后的农户服务中心将会为金正大增加年均销售额 34 亿元，销售利润上涨 2.64 亿元，税后盈利可增加 1.29 亿元。

⌘利用渠道优势，打造强势农资电商平台

电商行业经过几年的发展，其业务范围已经扩展至生活的方方面面，而目前电商在农资行业中的渗透度相对较低，当前国内还没有一家具有较大规模的农资电商平台。移动互联网时代的来临，移动终端的广泛应用，农资电商的发展迎来黄金时期，可以遇见的是，全国性的农资电商平台即将出现。

农资电商和传统的电商有着较大的差异，由于农村的特殊性，物流通常需要集中供货，肥料、农药等运输不便，运作体系和快递有很大的差别，因此物

流的发展将会是农资电商平台崛起的关键。这种农资电商物流的高门槛决定了中小企业及个人很难在农资电商领域做大做强，而传统的农资生产商及销售商由于积累了相对比较充足的经销渠道及服务网络优势，因此它们成功率会高出很多。

中国庞大的农村耕地面积注定了农资电商领域是一个有着庞大需求的刚需市场，金正大抓住机遇大力，发展农资电商，全力打造综合性的农资电商服务平台。金正大有着多年经营的销售网络，在产品的运输上积累了一定的优势。而金正大正在建设的农资服务中心将会为农资电商平台的品牌推广带来巨大的优势。而且金正大与一些大型的种植户的合作关系良好，可以通过开发一些 App 应用为这些客户提供个性化与定制化服务。

金正大在农药、种子领域进行了电商发展的探索。2014 年，金正大与公司是目前中国农药制剂领域规模最大的企业、唯一的上市公司——诺普信签署了战略合作协议，而这将合力建设商业合作平台，发挥各自在经营领域的优势，将在农药、肥料的研发、农资产品的运输、农资周边服务推广等方面展开深入而全面的合作。这将会为金正大农资电商平台的建设提供了非常有利的条件。

互联网给传统行业所带来的巨大冲击，需要农资传统商家应用互联网思维，积极拥抱互联网的风口，探索新型的营销与经营策略。金正大的新型模式探索将会为自身的经营成本、成交效率、产品的服务及体验等方面带来巨大的优势。

※ 实施对外扩张战略，继续做大上市公司平台

未来，金正大将会着力发展成为兼具农资与农产品的综合平台型企业，除了生产线的新建，收购、并购以及结盟合作等也将成为金正大发展的重要手段。

与此同时，金正大正在全力拓展渠道和其他企业共建示范基地，通过产品

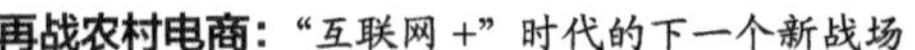

相互代理、共同开发等建设种植业服务平台。除了与诺普信建立了合作关系以外，金正大还与国外的同行业企业进行深入合作，目前有着深入合作关系的企业及机构有：以色列的利夫纳特公司和耐特菲姆公司、挪威的阿坤纳斯公司和生命科学大学等，为金正大的创新发展注入里强大的活力。

在收购扩张方面，金正大积极发挥上市公司的优势，将一些适合公司发展战略的国内外公司收入麾下，提升企业的业务范围及综合竞争力。

随着非公开增发项目的完成，金正大已然引入了资本雄厚的企业及投资方，这将推动金正大在健全的企业组织结构与股权分配制度方面不断完善；而且这些合作伙伴的巨大资源，可以帮助金正大实现快速扩张。

农资"肉多"却"难啃"，京东五大措施打通农资电商产业链（上）

2015 年，随着李克强总理在政府工作报告中提出"互联网 +"计划，各大领域纷纷进军电商行业，尤其是农资电商，农资电商市场显现出了巨大潜力。

2015 年 8 月 15 日，京东农资频道正式上线，在经营家电、日用百货、数码等产品之余，又销售农药、农具、化肥等农资产品，成为我国首家自营农资产品的综合电商；而随着京东布局农资电商，农资电商市场的发展更加引起人们的重视。

我国农资市场的发展规模宏大，目前已超过 1.5 万亿元。预计 2016 年，农资市场总量将超过 4600 亿元，农资市场将成为下一个"蓝海"。虽然农资市场的发展前景广阔，但目前农资的发展还面临着诸多的难题，即使有电商巨头的布局，也难以在短期解决所有的问题。

具体来说，我国农资市场的发展主要存在以下五大问题：

（1）农户无法适应互联网时代在线立即支付的方式；

（2）需要很长的一段时间培养农户的网购习惯；

（3）农资电商的发展对传统的销售渠道构成威胁，遇到其阻拦；

（4）农村的基础设施建设滞后，阻碍了农资电商的发展；

（5）农村的售后服务体系还不完善，消费者的权益得不到保障。

针对以上问题，京东分别采取了 5 大措施：像做 3C 一样做农资；依托渠道自营解决物流问题；依靠下乡推广方法培养农户的网购习惯；保障产业链上各方的利益，避免利益冲突；依靠合作提供售后服务。

✂ 像做 3C 一样做农资

京东布局农资电商市场不同于其他电商，它强调产品的质量以及影响力，因而，从产品的供应到运输配送，以及最后的销售，京东全程监控；而淘宝农资、一亩田、田田圈等电商则是为农资产品提供交易的平台，没有涉及整个产业链。

经营农资产品基本上要对农资，如农药、农具、化肥、种子等有所了解，尤其要对作为生产资料的种子有专业性的把握，而京东作为一个互联网电商巨头，对农资行业了解甚少，又该如何应对呢？

对于种子，京东采取了自营模式，建设了仓储基地，将所有的产品存储到仓库，同时还与其他商家合作，协同管理仓储基地。而对于农药和化肥，京东目前还处于探索阶段，主要采用平台入驻的形式；预计在2015年年底，实现自营，保障产品的质量。

京东在自营模式之外，还与其他商家友好合作，尤其是与知名度较高、影

响力较大的农资品牌合作。京东作为电商巨头，为农资品牌提供交易平台。2015年7月，金正大与中国农业产业发展基金共同投资20亿元打造的"农商一号"电商平台入驻京东，消费者可通过京东购买金正大复合肥，而京东则负责产品的配送运输问题。

✕ 依托渠道自营解决物流问题

在物流运输方面，京东也与其他电商平台不同，京东重点打造"县级服务中心"，从而与京东自营物流相互配合，为消费者提供服务。2014年11月，京东开始实施农村电商项目，至2015年年底，将建设500多个县级服务中心，覆盖全国10万个行政村，仅华南地区就将建立100多个县级服务中心，招募10000多名乡村推广员。除此之外，京东还建立了覆盖全国各地的自营物流网络，有效避免了"最后一公里"的难题。

京东还将在农村投放适量的厢式货车，以便运输农副产品，并在仓库紧张的情况下，充当移动仓库。即使农户还没有习惯网上购物，也能及时为农户提供货物，满足线下需求，从而为4～6线城市的用户提供农产品输出和农资熟人的双重服务。

京东的自营物流利润空间很少，而要在交通不便的农村布局农资市场，京东还有很多难题需要解决。

✕ 依靠推广下乡方法培养农户的网购习惯

在农村布局农资市场，需要解决"最后一公里"的难题，京东推出了"三箭齐发"战略，将县级服务中心、"京东帮"服务店和乡村推广员联系起来，实现电商下沉。目前，京东已经在全国7个分公司成立了农民电商项目小组，来承接县级服务中心，向农户推销产品。同时，京东在线下还进行优惠促销活动，以吸引农户购买，培养他们的网购习惯。据 2015 年第 35 次中国互联网络发展状况统计报告显示，在我国 7 亿人的农村人口当中，只有 1.78 亿人是网民，农村市场还有广阔的发展空间。

截至 2015 年 7 月，京东已在全国各地培养了 3 万多名乡村推广员，在向农户推广农资产品的同时，还负责教农户如何使用电脑在网上下单预订。除了口口相传之外，京东还采取发传单、刷墙等小广告形式推销京东的农资产品。

✂ 保障产业链上各方的利益，避免利益冲突

京东在协调产业链各方的利益时，充分保障厂商和经销商的利益，尤其重视它们在农资产品的线下售后服务方面的作用。在京东布局农资电商市场中，经销商和零售商是重要的一环，均为农民提供服务。

同时，京东将整合资源，使线上线下同步为农户服务，线上的产品价格和线下的产品价格相同，不会与线下争夺市场资源，而是通过各大企业的友好合作，建立一个公正、合理的价格体系，维护所有人的权益。

在实际的农资电商市场中，经销商和零售商面临的最大问题就是资金周转不开和货物囤积问题，而它们与京东合作之后，将很大程度上解决这些难题。经销商和零售商按需从京东提货，不仅避免了囤积货物的问题，还能有效周转资金，提高资金的利用率；而京东通过与经销商、零售商进行合作，成功布局农资电商市场。

✂ 依靠合作提供售后服务

产品的质量问题不仅存在于农村市场，在各大城市也屡见不鲜。虽然京东

做了多层的防范措施，如自营物流渠道以及与其他商家合作，以确保产品的质量，但关于农资产品的纠纷依然存在。目前，京东会在农资产品（通常是种子）的质量出现问题时，第一时间找出有问题的环节，与合作方共同制定解决方案，将农民的损失降到最低。

对于农资产品的售后服务问题，最重要的是农技服务。京东作为互联网电商巨头，在布局农资电商市场方面还缺乏一定的专业技能，必须与其他商家合作，以弥补自身能力的不足。例如，京东就与复合肥金正大合作，通过"农商一号"入驻京东为农户提供服务，同时也增强京东农资产品方面的权威性。京东通过与其他商家合作，可以有效规避自身的劣势，发挥合作伙伴的优势，并推出预先承诺以及退货零运费等服务，让农户安心选购。

总体看来，我国的农资电商还有很长的一段路要走，各大电商在下沉过程中，要统筹好渠道、物流、服务等各个环节的关系，以确保农民的利益。对于京东来说，即使它的农资电商市场布局完美，在实际操作过程中，也会遇到未知的挑战。

农资"肉多"却"难啃"，京东五大措施打通农资电商产业链（下）

随着移动互联网的深入发展，很多农村地区也实现了互联网化，于是，农民开始逐渐成为电商们的服务对象。农民种地需要的种子、化肥、农药、农具等农资产品都可以通过电商服务送货上门。就在 2015 年 8 月 11 日，中国诞生了第一家采取自营农资方式的综合电商——京东。

从 2015 年 8 月 11 日凌晨开始，农民朋友就可以通过登录京东农资频道，从中选取自己需要的农资产品，其中京东通过自身的供应链体系，为农资产品提供可追溯体系，从而保证产品的质量和用户的权益。农民在从网上选好产品之后，京东物流便根据填写的地址送货上门，为避免用户资金短缺或者购买假货，京东还为用户提供了分期付款、商品保险等金融服务，此外，用户在线上购买商品的时候，可以详尽地咨询客服各种有关商品的信息；在线下，还可以享受贴身的农技指导服务。

京东农资频道的上线，不管是对农资企业，还是对农村用户，都起到了积极的作用。农资企业通过该平台向用户展示自己的产品、提升品牌的知名度。同时，用户也可以利用该平台将自己对产品的意见和建议反馈给企业，企业就可以对产品做出改进，并且，用户购买产品的个人信息与反馈信息被网站记录下来，通过大数据分析，企业就可以按需定产，做到知己知彼。

从 2015 年年初到现在，京东农资频道获得国内多家农资知名企业的支持与产业合作，如中国种子集团有限公司、北京京研益农科技发展中心、北京燕化永乐生物科技股份有限公司等。在京东农资频道还没有上线的时候，金正大和中国农业产业发展基金为打造"农商一号"共投资了 20 亿元，并以"旗舰店"的形式于 2015 年 7 月 16 号正式落户于农资频道。

✖ 京东农资，为农资企业谋利

提供四大农资产品（种子、化肥、农药、农机）的庞大的农资行业市场却没有规范性的市场准则和行业标准。农民过去在购买农资产品的时候，感到价格昂贵而且需要亲自上门取货，而传统农资企业在销售的过程中，由于代理环节多、利益链条长，所以感到获取的利润低。所以，不管是农民还是企业，都觉得不划算。

于是，京东为方便农民购物、减少利益链，提高双方的利益，自建农资供应链体系。它作为企业向用户展示产品、推广营销和相互交互的平台，将农资市场中的产品信息更加详尽、透明地呈现给用户，并且为农资企业和用户提供了一个相互对接的机会。这样，在标准化的管理体系下，农资企业可以根据经销商和代理商所掌握的用户信息和库存数据，有的放矢，力求达到供需平衡。而且，农资企业在线上做好客服服务，在线下做好推广及产品技术服务，并为用户挑选正品，选择好的保险公司为用户担保，以打消顾客的顾虑，获得顾客的信赖，从而在中国建立一流的农村农资电商市场。

京东会集合越来越多的农资企业，把京东农资频道打造成一个可以集体受益的农资市场平台，帮助农业生产由粗放型向集约型转变。同时，京东也会通过自建的标准化管理体系，为农民提供好的建议，并保障农民的利益。

✂ 京东农资，为广大农民省钱

以前，农民在购买农资产品的时候，尤其是种子、化肥时，经常遇到劣质、掺假的产品。农民希望货比三家，买到价钱合适、质量又不错的农资产品，但是线下的产品经销厂家的农资产品鱼龙混杂，农民很容易就会上当受骗，再加上营销人员的素质高低不一，农民在购买商品的过程中，也很难享受到产品的售后服务。

京东作为中国第一家自营式电商企业，通过覆盖全国的物流网络信息，在一个可追溯的封闭的供应链体系中，为农民提供安全可靠的服务，保障农民可以从农资生产企业直接购买。而且，京东还可以根据农村地域的不同，为农民提供适合的农资产品，将有关农资产品的各种信息，如价格、产品差异、产品功效、用户反馈等一一介绍给用户，保证用户可以买到物美价廉的产品，又可以让他们获得更多的农业生产信息。

农民只需要通过智能手机，借助网络就可以登录京东农资频道搜索自己需要的农资产品，比较同类产品，选择性价比高的产品。农民还可以找寻自己需要种植的作物的品类，网站即会显示适合该区域种植的该类作物的所有品种，通过图文并茂的方式，向农民展示该作物种植的详细步骤以及注意事项等要点，让农民快速掌握种植方法。

京东为了给农民提供绝对的高质量产品，采取向种企直接采购的方式，并利用自己的物流优势，为用户提供封闭式的供应链体系，极大地保障了农民的利益。这样，不仅使得产品利益链条得到缩短，企业和用户从中双双受益，而且从源头购买产品，用户可以直接得到品质保障与利益保障。

目前，只要京东可以配送到的地方，农民就可以体验到"上午下单、下午送货"的快捷服务，而且为避免货物有损或者资金短缺，为用户专门提供了货到付款甚至分期付款的增值服务。此外，京东为农民提供了更人性化的服务，就是与农资企业携手打造"京东农技服务平台"，在线上，有专家指导，在农村的田间地头，也有专家做技术指导，这将有力推动农村的经济发展，造福于农民。

打通农资电商产业链，完善农村电商布局

在未来的 1 ~ 2 年，京东将对各农资行业的信息以及运行环节进行整合，从农资产品中的种子开始，逐渐向农药、化肥、农具等方面进攻，尽可能地覆盖有关领域，满足农民的所有需求。京东在实践中，从单一产品服务逐渐走向多元化，利用自身的产品供应链体系，为用户提供有保障的产品和完善的售后服务。

京东在发展农资电商的过程中，还会不断开辟更多样化的领域和探索新的运营模式，争取把每个县级的农资市场都做到极致，尽力帮助农民解决从购买产品，到收到产品、使用产品这一系列过程中遇到的所有困惑。以往农民购买农资产品时通常会遇到价格高、质量差、选择少等问题，现在，京东农资通过公开、透明的电商平台，以及完备的服务体系，有效解决了以往存在的种种问题。

农业作为支撑国民经济和国民生活的重要支柱，只有保障农民在购买农产品时的利益，农业发展才会得到有效保证。农资产品借助电商，可以更好地服务于农民，然而，**具有生态建设价值、能够保障民生的电商才是农民更加需要的。**我们可以看出，自营农村电商为农民提供的一系列人性化服务，将成为以后农业发展的一道有力保障，对整个农村经济的发展乃至国民经济发展都会产生深刻影响。

Part 7

农村电商创业：

顶层设计 + 政策红利之下，创业新机遇来袭

"互联网 +"链接农业，农村涌现出的创业机会有哪些

++

2015 年 7 月 14 日，国家财政部和商务部公布了 2015 年电子商务进农村综合示范工作的 200 个示范县名单，中央财政还将拨款 20 亿元，用于扶持农村电子商务的发展。对中西部，特别是老区农村电子商务的发展给予重点扶持，资金主要倾向于县、乡、村三级物流配送体系的建设。在这 200 个示范县中，中西部地区占到了 82.5%，贫困县占比超过了过 43.5%，每一个示范县都可以获得 1000 万元的项目启动资金。

同时国家还对示范县在资金的使用上提出了三方面要求：

★构建完善的县、乡、村三级物流配送体系；

★为县域电子商务公共服务中心和村级电子商务服务站的建设改造提供重要的支持；

★开设相关的农村电子商务培训，向企业和农民传授更多的电子商务知识。

++

从以上国家发布的新政策来看，农村电商、农产品电商、农特微商以及农村物流的兴起将掀起一股创业热潮，其中能够抓住的创业机会有哪些呢？“互联网＋农业”模式的出现，并不是指将农村的产品向城市输送，也不是向农村卖商品，而是以农村为中心构建一个生态体系，并通过鼓励创业的方式积极带动农村就业。

下面我将就在互联网时代，农村领域出现的几大创业机会进行一一解读，希望能对瞄准农村市场的企业以更多的启发。

※农村电商和村淘创业

随着城市市场的逐渐饱和，越来越多的电商企业开始将目光转向了农村市场，电商渠道下沉开始成为一种趋势，京东、阿里等电商巨头也开始在县域、农村电商领域展开了激烈的厮杀。根据官方发布的数据显示，中国一线城市互联网网购人群的数量已经达到了 4.5 亿人，而县域以及农村电商市场的网购人群已经突破了 9 亿人，这就意味着县域以及农村电商市场蕴藏着巨大的挖掘潜力。在互联网飞速发展的趋势影响之下，农村电商将在 2015 年得到爆发式的增长，同时也将掀起一股农村电商的创业热潮。

相对于城市来说，农村电商市场有自己特殊的属性和特征：

++

★农村的用户居住比较分散；

★农村领域的网购购物还处在萌芽阶段；

★随着农村生活水平的提高，农民对品牌商品的需求日益增长，但是却缺乏有效的购物渠道。

++

创业建议：要解决农村电商市场存在的问题，满足农民对品牌商品的需求，

发展农村电商以及村淘站点不失为一个好办法，期待在农村电商市场有所作为的企业也可以趁势在农村电商市场上抢占先机，稳固自己在农村电商市场的地位。总结来说，在农村电商市场上有几种主要的创业模式。

（1）借平台创业模式

京东农村电商模式、阿里村淘。创业者需要向平台电商递交申请，当然只有满足一定的条件才有资格申请。

京东现在已经招募和签约的乡村推广员达到了数万名，构建的县级服务中心超过了 100 家，并计划在 2015 年新增 500 家县级服务中心。

阿里在 2015 年推出了村淘计划，大力推进"千县万村计划"，并计划在 3 ～ 5 年内投资 100 亿元，成立 1000 个县级服务中心和 10 万个村级服务站，惠及全国 70% 的农村人口。

（2）自主创业模式

将当地农户的需求集中起来，统一向平台下订单，这样的模式可以有效推动农村在互联网领域的创业活动。

★商机评估：这种创业方式可行性比较大，风险较低，不存在库存的风险，只要运营者具备一定的电商运营经验，选择具有互联网基础的农村进行试点，就可以取得一定的成效。这种创业方式关键是要在企业以及农户之间建立信任关系，因此产品的价格、品质以及服务等是吸引用户并建立信任关系的重要基础。

✖县域农村电商物流创业

从目前国内的快递网络来看，县级的城市基本实现了快递网络的覆盖，但是从县级到村级的物流一直以来都是快递行业的一个痛点和软肋。因此京东、阿里菜鸟等电商平台为了实现在农村电商市场的布局，也在积极推进县到村的物流网络建设。

阿里计划在3～5年成立1000个县级运营中心和10万个村级服务站，支持其农村物流。顺丰也在加快布局全国农村的物流网络，采用了双向商流和物流通吃的战略。顺丰已经在农村领域展开了布局，物流网络已经覆盖了大约全国40%的乡镇。顺丰还积极鼓励员工回乡创业，带动服务网点的下沉，建立乡村站点，将快递直接送达农村民众的手中，同时利用乡村站点为“城乡购”中土特产的物流运送提供重要的支持。

通过县级快递服务站的建立，实现与“三通一达”、顺丰等快递企业在县级网点的合作，如果单就一个县来说可能包裹数量比较少，但是如果能够建立县级快递节点站，那么就可以将多个县的包裹集中起来统一进行运送。这样一来在县到村的配送中，由于包裹数量比较集中就可以采用小货车配送或者采用滴滴打车的众包模式。

★商机评估：可行性大，风险较低，只要能够说服快递企业在各个区的区总，同时还要对电商快递包裹流量的稳定程度进行风险评估，拥有一定整合和调度社会运力资源的能力。如果能够建立比较完善的县到村级的物流体系，那么对于农产品流向城市以及工业产品流向农村都有重要的意义。

✂ 农村刷墙创业

村村乐是全国最大的刷墙公司，依靠刷墙业务的公司，每年的收入能够达到几千万元，估值已经达到了10亿元。

++

★商业价值：刷墙业务牢牢抓住了农村互联网的入口。

★运营方式：招募“网络村官”进行线下推广，雇佣农民为其工作。

★**数据**：将农村 1 万家小卖部资源整合起来，对农村用户进行分析。

★**策略**：设计符合农民语言特色的刷墙语言。

++

随着村村乐知名度的不断提升，村村乐开始成为各大电商企业争相合作的对象。

★**商机评估**：农村刷墙实际上就是掌握了农村广告的入口，并且付出了比较低的位置以及劳动力成本，但同时这样的方式也将面临如下重要的挑战。

++

★吸引上游广告投放的客户，抓住意欲进入农村市场的客户；

★利用社会化的资源开展刷墙业务；

★语言要有一定的创意，结合农民的语言特色。

++

※ 农产品电商创业（F2B 和 F2C）

F2B 即 Farm To Business，农产品直供模式，当前这种模式主要集中在城市，通过省去中间渠道，将产品直接从产地运送至城市的学校、食堂、机关、酒店等机构，这种模式已经在全国范围内广泛运用开来，并且有的已经获得了一定额度的风险投资。

上游的平台一定是与多个农业基地实现对接的，因此在基地端的创业者，可以通过给予农民一定的种植指导，去对接上游的平台，从而为农村电商的发展提供重要的支持。

F2C 即 Farm To Customer，线上多渠道模式，对于多品牌农业基地的产品，可以借助淘宝等电商平台，实现农场与家庭的对接，采用预售和订购的模式来销售农产品。

★商机评估：传统的农场主不仅不了解互联网，同样也缺乏品牌意识和商业化思维，因此这个创业机会值得年轻人去深入挖掘和整合，或许未来能创造更大的商业价值。

※农特微商创业

2015 年对于农特微商来说是重要的一年，农特微商将迎来井喷式增长。只要有地标性的特产，具备农特微商发展的基础，就可以进行农特微商创业。万人农特微商创业孵化平台正在积极筹备中，并且目光已经瞄准了 600 多个全国农特基地，对 50 个规模比较大的农特基地给予重点扶持。全国已经建立了 20 个农特微商创业孵化园，对接农特微商基地产品的渠道创业者都有资格申请渠道创业。此外，农特微商还积极打造全国的物流网络，为农特产品的配送创造良好的物流条件。

随着"互联网＋"行动计划的提出，国家也越来越重视互联网在农业领域的深入渗透和融合，农特微商的出现将整个农村领域进入了一个新的发展阶段，万人创业孵化园的建立，也为农村创业提供了重要的支撑。

适合开展农特微商创业的对象包括以下两类。

（1）**基地：**地标性的农特产，具有独特的产品价值。基地的产能比较稳定，同时能够保证产品品质，符合当前的物流承运标准。规模比较大的基地可以运用品牌化的策略，中型的基地可以运用众包的品牌战略，而小型的基地和单品只需要做好心态运营。

（2）**渠道：**只要能够懂社群，在农特微商领域就能实现快速成长，农特微商会向他们推荐比较靠谱的单品，结合基地就可以玩转社群营销，依靠一个单品就

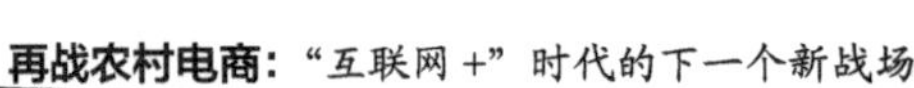

可以注册公司；如果还能为用户提供几次O2O体验，那么品牌的名声就能打出去。

或者是建立独特的微商运营体系，在农特微商平台上同时申请多个单品来做农特微商。

★**商机评估**：农业是一个具有较大挖掘潜力的行业，通常情况下，一个人工资的1/3是消费在吃上的，因此在社交电商时代，农特微商具有较大的创业价值，可以推动成千上万人的创业，让每一个人都有机会成为独立创业者。

※ 农村O2O服务平台创业

这里的O2O服务平台并不是指单一的物流或者是电商，如日日顺在全国拥有2万多个村级服务站，除了物流服务之外，日日顺也是一个提供家电送装、以旧换新的综合服务平台，在农村家庭的消费入口赢得了更多的商业机会。

★**商机评估**：O2O服务对于村级服务站来说具有重要的意义，如果能在全国农村范围内建立O2O村级服务站，那么将具有重要的商业价值，不仅会吸引京东、阿里等电商巨头的目光，同时也会获得其他意图进军农村市场的品牌的青睐。

※ 农资集中采购平台、农机融资租赁创业

农村集中采购平台原本是供销社的事情，但是由于其特殊的属性以及体制，供销社中没有一个能与互联网深度融合的，而今在"互联网+农业"趋势的影响下，这一领域也应该积极尝试变革。随着农村对农资、种子以及农业机械等需求的日益提升，在农村市场可以搭建一个农资的集中采购平台，如果是比较大型的农业机械设备，可以联手金融机构开展融资租赁，从而创造更大的发展空间。

★**商机评估**：这个领域的商机，需要有多方面资源的支持，而且供销社可能会设置一定的门槛，因此创业者在这个领域进行创业的时候，可以选择相对

比较发达、思想比较先进、对新事物接受程度比较高、深受互联网影响的农村地区。在资本的支撑下，创业者还应该积极与县级和市级的相关部门进行对接，在他们的协同作用下开展创业活动。

⌘ 农村电商培训创业

在中央发布的 20 亿元扶持农村电商发展中，其中有一个方向就是开展农村电子商务培训，因此说整个农村电子商务培训方面也是一个巨大的市场，需要有具备一定互联网思维的人，深入到县域和农村进行交流和培训，向农民传授更多的电子商务知识。

★商机评估：既可以迎合国家政策的需求，也可以通过培训业务的开展带动创业，创业又可以为农村解决一部分就业问题。而且全国已经拥有了 20 多个农特微商创业孵化园，推动基地以及渠道的农特微商发展，这些申请农特微商的会员们会逐渐孵化成为导师，在自己操作农特微商的同时，影响和带动更多人。

⌘ 农村旅游平台创业

农业互联网化的趋势，不仅带动了农村市场的商品买卖以及服务，同时也促进了产业旅游业的发展，对于一些生产地标性特产的地方，可以通过搭建农村旅游体验平台，在为消费者提供乡村游以及特色产品体验的同时，带动农特产的销售。2015 年 6 月，农特微商领域的知名品牌“简小妞燕窝”开展了一场走进马来西亚的燕窝寻燕之旅，获得了比较好的品牌传播和营销效果。

★商机评估：这种创业形式不需要太多商业化的推进，只要能够将全国的农业基地以及农特基地整合起来，然后将农特产的旅行体验粉丝作为主要的消费群体，就可以在带动农村旅游的同时，推动农特产的营销和推广。

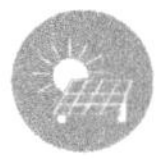

正在开垦的"处女地"：鲜活农产品电商创业的五大运营思路

衣食住行是人们生活中不可或缺的四大要素，而随着互联网的飞速发展以及在人们生活中的渗透，衣食住行开始摆脱传统形象的桎梏，以一种全新的面貌呈现在了人们眼前。

在这四大要素中，衣为先者，淘宝就是依靠服装鞋帽逐渐成长壮大起来的；在食品方面，各种团购网站的兴起正在一步步瓜分传统的线下市场；在住、行方面，携程、途牛以及 58 同城等网站在极力追求对线下市场的覆盖。

在以上四大要素中，食品方面未经加工的原材料可以算得上互联网还未涉足的处女地带，同样也具有较大的市场空间。阿里、顺丰以及中粮等大企业开始涉足这一领域，但是却都停留在初期的探索阶段，还未进行更深入的发展和开发。因此，随着新一代消费主体的崛起以及人们生活水平的不断提高，鲜活农产品网购将逐渐成为一种热潮，这也将是推动农产品行业发展进入一个新阶段的重要节点。

现在，中粮、首农已经在地铁站投放了相关的广告，鲜活农产品网购领域开始出现竞争场面，这一点在一线城市表现得更为明显。褚橙在网络上的火爆营销，给很多还在徘徊的投资者带来了信心。高端的农产品以及有机农产品，在市场上受到了越来越多的欢迎，因此其市场前景也被广泛看好。

鲜活农产品电商市场作为一个刚兴起的领域，得到了众多企业和商家的青睐。鲜活农产品电商应该怎样进行运作呢?

✂ 选择布局在二三线城市

之所以选择在二三线城市布局鲜活农产品电商，最主要的原因就是规避一线城市的激烈竞争，一线城市往往众星云集，实力也比较雄厚。如果在一线城市与他们竞争，不仅不会占据任何优势，反而会陷入进退两难的境地。

因此我的建议是**创业者可以选择竞争形势相对比较缓和的二三线城市作为突破口**。有人或许会对二三线城市的市场前景提出质疑，但是从淘宝发布的官方数据显示，三线城市的购买力要大于一线城市，造成这种结果的原因是多种多样的。比如京东在一二线城市斥资的举动，最后并没有收到预期的效果。而且一线城市的生活节奏比较快，相较于自己做饭来说，在餐馆消费人更多一些，因此创业公司最初将鲜活农产品定位在一线城市并不是一个明智的选择。

高端农产品以及有机生态农产品与普通农产品相比拥有更高的附加值，而且在市场上也得到了消费者的普遍认可，这才是正确的产品定位。有人也曾经向我提出过这样的疑问：高端和有机生态农产品固然附加值高，但是产品单价也要高，而二三线城市收入较低，消费者会愿意为这高附加值的产品买单吗？事实上关于这个问题，我们可以这样来思考：

（1）食品安全问题一直是国家最关注的问题之一，而且一些特殊的人群，如儿童、老人以及母婴等需要通过一些有机食品来满足自己的生理需求；

（2）淘宝数据显示，三线城市的购买力与一二线城市相差并不大；

（3）鲜活农产品只有在靠近产地的时候才能保证其鲜活性，因此在二三线城市更适合做鲜活农产品电商。

对创业者来说，选择在二三线城市创业，不管是在人力、仓储还是物流方面付出的成本要远远低于一线城市，从而可以让创业者有更多的资金促进企业

的发展，并且也不需要面临激烈的市场竞争，可以集中精力专注于鲜活农产品的经营。

✂ 物流难题（冷链）及关联销售

要做好鲜活农产品，最关键一个问题就是要解决好农产品的存储以及物流配送，这就需要搭建完善的冷链系统，顺丰凭借自己在物流方面的优势推出了顺丰优选，而中粮我买网也搭建了相应的冷链配送体系。阿里菜鸟物流业在冷链方面投入了大量的资金，用于鲜活农产品的存储和物流运送。而对于初创企业来说，由于在资金方面一般没有优势，因此在二三线城市搭建冷链物流相比在一线城市投入也比较少。

而且二三线城市往往只需要 3 ～ 5 台冷藏车就可以满足配送需求了。我根据产品的附加值的高低以及电商企业存储的难易程度，制作了一个四象限图，如图 7-1 所示。

通过此四象限图结合实际的农产品，可以将鲜活农产品进行分类，并结合农产品存储的难易程度，制定出比较合理的搭配销售，将保质时间相同的产品进行关联销售，从而推动整体的销售。

例如，豆腐和鲜肉都属于保质期比较短的产品，而且储存也比较难，因此可以将这两种产品作为关联产品进行销售，在销售鲜肉的同时，将豆腐以低价的形式卖给消费者，之所以会出现这样的产品搭配，也是出于对消费者实际生活中的考虑，一般在生活中经常需要购买的食材基本都是价格比较低并且也难以保存的，因此这种关联销售能满足消费者对产品的需求，从而增强消费者对平台的黏性和忠诚度。在这一方面，阿里做得比较到位，依靠支付宝将用户牢牢地黏在了平台上，然后再与用户讨论收费的问题。

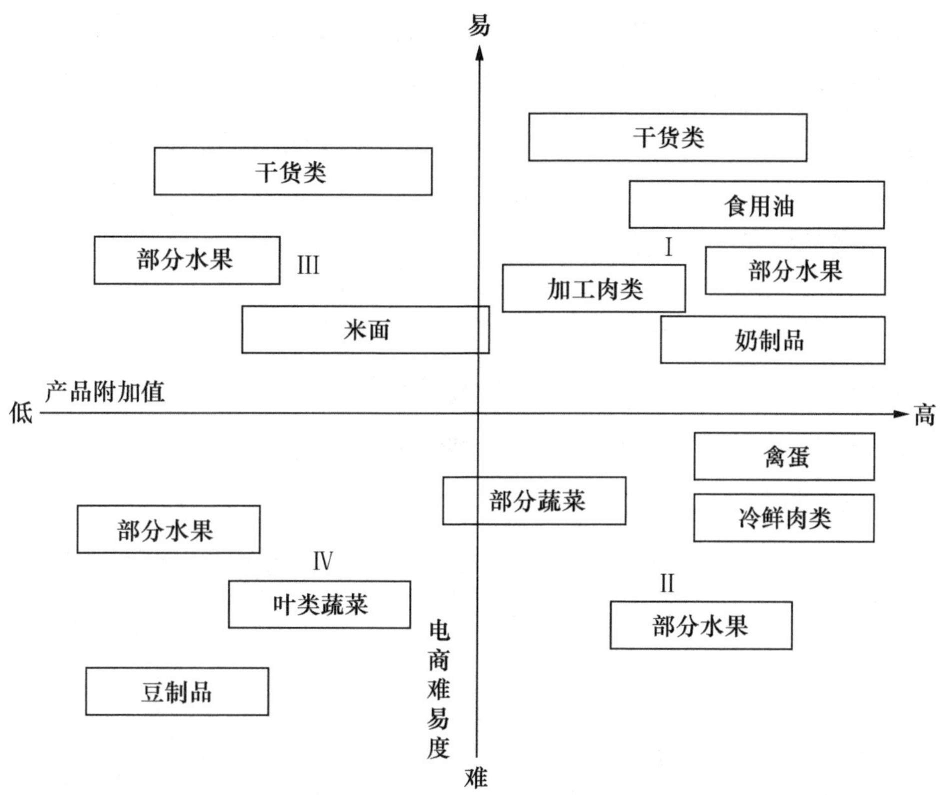

图 7-1　产品附加值与电商存储难易度

还有一种关联销售的模式就是按照菜品进行销售，如根据某一道菜中所需要的原材料将各种食材组合起来打包进行销售，这样不仅可以为消费者省去了寻找食材的麻烦，同时也可以带动商家的产品销售。

※ 按需订制及小米模式

在国内，过节发放福利已经成为一种常态，因此在逢年过节之前，初创企业可以准备一些产品，如土鸡蛋、黑猪、土鸡等，并根据企业的预订需求来进行供给，同时也可以融入更多的创意，如在企业开展农家乐活动的时候可以认

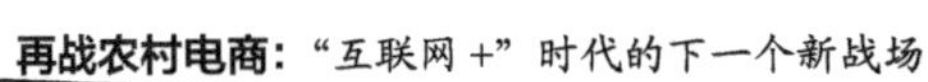

养土鸡、猪羊等，在我们饲养之后就可以再将其卖给企业。

还有另外一种做法就是，如商家最近要出栏一批牛羊肉，那么就可以放在网络平台上让客户预订，根据不同的品质标注出不同的价格，供客户选择。

✂家庭联产承包责任制

创业者可以将具体的生产工作承包给农户，由农户提供实际的劳动力，而创业者只要给予相应的技术上的指导，并在最后收购的时候进行检验即可。可以先选择大型的供货商，然后再培养种植散户，之所以采用这种承包责任制的方式，原因在于以下 3 点。

（1）农户在养殖种植方面经验比较丰富，做起来也比较得心应手，而如果要自己做的话不仅需要花时间来研究，还会分散自己在产品运送以及销售等其他环节上的精力。

（2）这种方式可以促进当地的农民就业，为农民增收，符合国家政策需要，而且因为符合国家政策的支持，企业在发展过程中也会得到更多的扶持。

（3）家庭联产承包责任制的方式有利于推行模块化的产地管理，在产品的协调以及区域互补上也会提供更多的便利。

✂宣传营销

有效的宣传营销对于其能否发展成为优质的农产品电商具有重要的意义。创业者不仅要有宣传自己产品特色的勇气，同时也要有为客户提供贴心服务的理念。之所以要对自己的产品进行宣传，最终的目的就是为了能让更多的用户了解你，并选择你。自媒体营销模式就带动了一批产品的火爆，创业者可以从中进行一些借鉴。

在巨头的夹击下生存，农业创业者必须首先解决 7 个问题

※ 选准创业切入点

对创业者而言，在创业的开始阶段最关键的就是要选准创业切入点，这不仅决定着企业的发展方向，也关系到企业最终能否成功。

虽然有些企业属于同一个领域，但他们所处的环境和各自的发展状况都不一样，企业在经营过程中应该明确自身的优势所在，并在此基础上建设完整的产业链，即使切入点不同，企业也能开辟出自己的发展道路。创业过程中也会出现类似的现象，例如，现阶段农业创业领域中最火爆的当属生鲜电商，但其发展还处在探索阶段，最关键的还是切入点的选择，而不是急于扩展规模，否则只能始终处于弱者的地位，并且越来越落后。

2015 年，电商领域中发展规模位居前列的当属阿里、京东，很多知名企业也在该领域重磅投资，不断完善自己的电商平台，这给资金有限的创业者带来巨大压力。一些小规模垂直电商企业试图通过完善物流体系来获得持续发展，然而京东和顺丰在这方面早就积累了多年的建设基础，其他竞争者就算是投资规模很大，也不可能在短时间内赶超。

现在还无法预测巨头什么时候能够成功收购沱沱工社。垂直企业的运作方式就是将一系列高端产品包装成能够吸引更多消费者注意的形式，这是在农产品电商处在探索阶段的情形下可以实现的，还无法与大众生鲜电商匹敌。企业会在今后的发展中不断降低各个环节的成本消耗，大规模企业还会以不同方式

来经营自己的产业链，有些企业会补贴生鲜类产品的运作，巨头迟早要将垂直电商纳入麾下。

✂ 深耕上游才是创业者的最佳姿势

互联网巨头企业涉足农产品电商领域的时间比较早，其边际成本也不高，简单来说，进军该领域是丰富其经营业务的多样性。巨头企业无论是在产品推广还是物流体系上都积累了发展资源，创业者和他们竞争获胜的可能性很小，深耕上游才是他们的最佳姿势。

中国农业产业在上游存在一系列阻碍因素：农产品缺乏统一标准、粗放型生产、不明确农产品的原产地等。然而着手于该行业上游的发展很难，很多创业者不愿尝试。京东虽为互联网巨头，却进军农村地区，为了形成农产品的统一标准，提倡农户使用他们认准的作物种子，涉足生产环节，最终完善整个产业链。

中国农业产业的上游建设还要经历漫长的时间才能过渡到成熟阶段，作物品类多，又受到具体地理环境的影响，若要深耕上游，应该找到最具开发潜力的农产品。虽然发展电商平台给人一种很上档次的感觉，但对于创业者来说，最重要的是要生存，而不是和巨头企业竞争，农业企业普遍缺乏品牌意识，要明确产品定位，借力于互联网电商平台的发展，注重冷链物流的应用，建设企业品牌，获得消费者的认同。

✂ 农业创业的"七把剑"

（1）加强生产环节的控制，提高产品质量

针对农产品品质较低的现状，应该加强生产环节的控制，制定作物种植的标准，并以产品质量作为级别划分依据。光靠投资是解决不了这个问题的，应该把重点放在农户和土地资源的整合上，如果做得不好，就会影响整体经营。投资虽然重要，但人力资源方面的阻力更大。多数科技人员不愿意深入到农村地区，要解决这个问题，就要发展本地区的农民科技人员，也可以避免外来人员流失的情况。

关于土地资源的整合，创业者受到资金的限制，不能像佳沃采取大规模收购土地资源的方式，但可以借鉴他们是怎样处理与农户关系的。

++

★企业投资租地，全面经营。

★和大户达成合作关系，获得土地管理权，企业负责产品销售，向大户提供生产技术。

★企业制定种植标准和质量标准，进行技术指导并给予补贴，负责产品销售，这在产品质量有保障的地区可以实行。

++

京东在这方面采取的措施与上述方法有共同之处：企业制定标准、承担部分生产资料，基地负责作物生产。企业和基地的关系向松散化方向发展的可能性比较大，承担自身的职能，降低成本消耗。不过现阶段，我国由农户负责的农产品生产质量不高，还是应该加强管理。

（2）租地不是创业公司的唯一选择

创业者的资金没有巨头企业那么多，不能大规模租地，农户也可能产生质疑，应该先与一部分农户达成合作关系，建设合作基地，对农户的生产活动给予帮助，还要发展企业品牌，然后再进一步深入。如果不能建设合作基地，企业也能制定标准，据此找到合适的产品进行推广，先建立自己的品牌，发挥品牌效应，寻求农户合作建设基地，加强产业上游管理。

不管怎样，创业公司都要联手那些有信誉保障的农户，即使刚开始不能建

设合作基地，也不能放松质量要求。

（3）做好初创环节的品类选择

我国幅员辽阔、地大物博，有各种各样的农产品，说一个品类可以形成一个产业也不为过。现阶段农产品电商还没有被农户普遍接受，冷链物流也有待发展，创业者在寻找切入点时要考虑其风险性。

举个例子，三只松鼠主营干果品类，这种产品不会在运输中产生损耗，库存难度小，标准实行也比较顺利，不过干果已经不属于生鲜产品。另外，三只松鼠根据自身实力，没有一上来就构建平台，而是选择合适的产品，不断扩大业务范围。优菜网之所以没有成功，不能保证产品的质量和供应是其原因之一。

相比于蔬菜产品，水果的储存时间更久一些，标准实行的难度也降低了，所以多数生鲜电商会选择水果而不是蔬菜。海鲜、肉类产品的经营难度更高，因为它们对冷链物流的要求高，标准实行也不容易。创业者应该根据自己的能力，不要轻易尝试那些运营难度高的品类。

（4）本地化和体验经济大有可为

优菜网惨败，其创业者断言，平台类企业不能选择生鲜品类，垂直企业做出这样的选择是自寻死路。不过甫田网和生活网的发展实例证明，本地化经营可以避免很多风险，而且他们运作的高端产品能够弥补成本方面的损耗。

本地化还有一个好处，经营者能够全面提高消费者的体验。没有打造消费者满意的体验是优菜网失败的原因，大多数用户已经习惯了去附近的菜市场买菜，不可能一下子转移到网络平台上，应该让消费者体验到线上买菜的便捷之处。青年菜君就是这样做的，他们为上班族准备了成品菜的材料，切实满足了消费者的生活需求。

借助于线上平台，针对本地消费者的生鲜电商可尝试提高选购过程的互动性和趣味性，中老年妇女是城市中主要的买菜群体，她们的空闲时间多，很想从日常生活中体验到更多乐趣。

上游产品发展到一定阶段后，如果产品的多样化有限，也可以联手零售商应用 B2B 模式，这种方式不仅能降低物流方面的消耗，提高运作效率，还能提高自身品牌的影响力，而且不会给其他竞争者带来威胁，还能深耕线下产品营销，增强消费者体验，逐渐形成自己的发展模式。

（5）根据产品特点来打击假冒伪劣

随着品牌知名度的提高，假冒伪劣产品问题也日渐突出。有消息揭露，昆明在售的褚橙九成是冒名产品，该品牌的信誉也因此降低。即使现在可以扫码验证，但还是不能排除假冒伪劣产品的可能，因为二维码可能也是假冒的。如果能够按照品类特征来打假就能事半功倍。褚橙品牌的知名度已经很高了，该产品可以学习小米打假的方法，指定销售商，限定渠道。若能从产品生产环节一直到销售终端都可以通过扫描验证，就能避免假冒伪劣产品的猖獗。

++

比如褚橙，有自己的官方网站，他们所有的产品都有二维码标志，通过扫描，消费者可以查询产品信息。举个例子，产品从新平金泰公司发送至本来生活网，在网络平台上销售。当消费者订购该产品时，网站会把交易的时间、价格等都输入其中，消费者可以通过二维码查询所购产品从生产到消费环节的相关信息，对产品质量放心。

并不是所有的渠道商都可以输入二维码信息，需要经过褚橙官网的批准，而且二维码中包涵的信息是唯一的。通过查询二维码，消费者可以对照，看与交易信息是否一致，则产品真假一清二楚。另外，该信息在官网可查询，这就避免了鱼目混珠现象的发生。

++

（6）在消费过程中加入人与人的连接

用户与用户之间、用户与产品之间、产品与产品之间的连接是互联网思维注重的一个侧面，能不能把用户的消费过程也延伸成用户与其他人之间的连接呢？

有些产品的销量不好并不是因为产品质量有问题，而是出在销售方式上，可以尝试把创业者的创业历程或生产者的相关事迹体现在商品的外包装上，这样消费者会对产品的质量更放心，另外，消费者还能了解创业者或者生产者的故事，甚至可以与其互动。

通过查询二维码中的信息，消费者可以知道生产者的联系方式，如果对产品质量不满意，消费者可以直接咨询生产方。除了减少消费者的担忧，还能发挥品牌效应，借此连接方式开发其他业务，如加强对生产地区旅游景点的宣传，不断积累长期用户。

（7）注重品牌建设和标准的制定

在经营生鲜产品的电商企业中，褚橙是一个比较典型的代表，在那之后他们又尝试了潘苹果和柳桃，但并未成功，毕竟营销方式只是生鲜产品经营的一方面。柳桃也曾面向社会聚集众人的智慧来寻找自己的出路，孟醒（雕爷牛腩创始人）针对该产品提出的方案是，在联想的品牌效应和国外产地的基础上，制定能在全球实施的柳桃标准，将联想的标准拓展至整个领域都能应用，突破褚橙式的发展思路。

不管企业的具体发展规划是怎样的，品牌和标准都是不可或缺的两部分，品牌能够突出企业的独特性，标准则是品牌的基本框架构成，品牌以标准为基础才能获得长足的发展。如果某商品实现了标准的品牌化，就能成为该领域的典型代表。可以说，在某个领域建立起统一标准的企业，可以驾驭所有的电商经营手段，该企业也能成为这个领域中的掌舵者。随着互联网的普及和发展，会有越来越多的生鲜农产品拥有自己的品牌并制定产品标准，要将统一标准的制定作为战略组成部分。

行业变革是一把双刃剑，传统企业会因此面临压力，新兴企业可能看到更多的希望。现阶段我国正处在变革之中，企业想要在竞争中脱颖而出就要有所行动，要运用先进的技术，明确自己的优势所在，根据当前所处的环境，找到顺应社会发展潮流的发展方案，这样才能获得持续性发展。

4 种模式 +3 种策略：玩转农特微商，把握下一个爆发点

随着现代科学技术逐渐融入农产品从种植、生产到销售的整个环节，农产品的产量得以提升。而移动互联网的发展以及农民网购意识的养成，扩大了农产品的销售渠道，除了可以在网站上展示外，还可以通过微商销售。未来，微商销售农特产品是必然趋势。

农特微商在 2015 年的发展势头正猛，微商作为移动互联网兴起的一个新领域，引起了新农人的重视，纷纷做起农特微商。相比于传统的销售方式，微信营销更适合农副产品的销售。移动互联网的发展，使信息趋向透明化，消费者可以了解到农特产品产业链上的各个环节，从农产品的种植到成长，再到采摘、包装、销售、运输等，完全实现信息的透明化，从而可以让消费者放心购买，加强了消费者与农产品的信任。

※ 农特微商的 4 种模式

（1）认领

2013 年，认领模式开始兴起，按照“亲身种植—农耕劳作—远程观察—送货上门"模式，为认领户主提供技术指导和托管耕种服务。

认领模式也就是主人制模式，认领户主对土地有使用权。通常，在农村采用这种管理模式的一般是有机绿色农产品，如有机大米、土豆、脐橙、香菇、蜂蜜等。认领的户主无须到田地里亲自作业，而是让农民统一管理，只需告诉农民自己想种植什么农作物即可；或者认领户主也可以在周末的时候，带朋友、家人到认领的土地进行农业活动，如种植、浇水、施肥、采摘等，体验乡村生活。认领户主在离开田地之后，还能通过互联网远程监控，实时了解农产品的生长情况。

认领模式除了可以让户主体验田园生活，增加农民收入外，最重要的还在于，认领户主通过远程监控，实时了解农产品的生长状况，确保自己所吃的粮食蔬菜都是绿色无污染产品。随着环境问题日益加重，食品安全成为人们最关心的问题，而认领模式则能为人们提供大量的绿色有机产品，必将有很大的市场潜力。

（2）预售

要想提高农民收入，最关键的一环就是扩大销售渠道。在农村，经常会出现供大于求的情况，这意味着农产品积压，甚至腐烂变质，农民的付出与回报不成正比。而预售模式则能改善这种状况，在种植农产品之前，根据消费者订单确定种植清单，有效规避风险。农民可通过微信朋友圈、微信公众号以及社区等进行预售。

那么，预售模式又有哪些优势呢？

++

★市场反馈

通过预售，农民可以了解市场需求情况，根据客户的需求相应地种植农副产品，避免供不应求或供大于求的现象。

★用户数据

通过微信朋友圈、微信公众号进行预售，可以预先获取客户的基本信息，如姓名、地址、职业、手机号等，累计客户数据，分析客户的喜好，从而有针对性地为客户提供服务。

★降低风险

预售方式可以降低农民的损失，通过提前了解市场详情，种植消费者需要的农作物。大部分农产品的保质期都比较短，如果没有及时出售，很容易造成产品积压，甚至腐烂变质。

++

预售模式虽然可以根据市场反馈，有针对性地种植农作物，从而降低风险，但是预售模式操作流程复杂，相关的信任体制机制还不完善，在实际运营过程中，消费者很难相信农民，提前下单。因此，在采用预售模式之前，还要具备以下要素。

++

★人脉

移动互联网时代，也是粉丝经济时代，庞大的粉丝团会带来巨大的经济效益。预售模式的顺利运营依赖于粉丝群体的庞大，在好友有限的朋友圈里预售，根本无法达到预期的目标。如果没有粉丝，可以与一些微博大V、名人进行合作，依托他们的粉丝。

★信誉

预售的顺利运营还依托于农户的信誉，只有对信誉够高的农户，消费者才会放心下单，才会提前支付。

★品质

在信任的基础上，消费者提前下单、支付，而农民也不能辜负消费者的信任，必须保证农副产品的质量以及品质。将那些品质较好的农副产品通过微信预售，确保消费者的利益不受侵犯。

★感恩

农民与消费者之间的关系，不是单纯的卖家与买家关系，农民也不能仅靠产品的品质出售营利，还需要为消费者提供富有人情味的服务，感谢他们的无偿传播，如向消费者致以新年问候、生日祝福以及赠送礼物等。

+++

（3）众筹

众筹最先出现在互联网金融领域，将其运用于农业领域，还属于一个新鲜的理念。

类似于预售模式，农业领域的众筹也是农民根据消费者的需求种植农作物，消费者事先向农户支付费用，待到农作物成熟之后，农户再将农产品运输到消费者指定的地点。这种众筹模式被称为订单农业，根据订单量进行农作物种植，以此降低风险。

在咖啡众筹、房产众筹、影视众筹之后，农业众筹也开始进入人们的视野。2013 年 2 月，综合性众筹平台众筹网正式上线，提供投资、运营等服务，将农业作为发展的重要领域，与汇源集团、三康安食、沱沱工社等进行战略合作。

+++

目前，众筹模式已引起国内农产品领域的重视。2014 年 1 月，本来生活网与众筹网联合推出了国内第一家农业众筹平台——尝鲜众筹，合作推出延安宜川红富士项目，精心挑选苹果的品类。

第一，苹果消费者的数量非常庞大，具有市场潜力。

第二，山东、辽宁、河北、北京的红富士对于消费者来说，已经非常习惯，不算特产了，而延安宜川的红富士对于消费者来说还很陌生，再加上本来生活网的创意营销，使之具有很大的市场前景。

但是，尝鲜众筹与众筹的风格、创意属性并不相符，并且农产品的产业链较长，而保质期较短，无法保障农产品在运输途中的质量，为用户提供满意的服务。

经过多次的探索后，众筹网明文规定，禁止食品、农产品、酒类等产品在其网站上发布。而农业众筹网站则关注农产品的种植、采摘、运输、销售等各个环节，突出家庭直达农场的经营理念，将城镇消费者与新农人密切联系起来。

+++

农产品的众筹模式有很多，如消费型众筹、股权型众筹等。目前，随着农村新农人群体的壮大，一些新的农产品众筹模式正在兴起，如端午众筹一个粽子品牌，以每人的出资金额分配股权。

（4）会员制

纵观目前的市场环境，会员制遍及各行各业，餐饮、酒店、电影院、百货店等都在利用会员制吸引消费者的二次甚至多次消费，会员制同样也适用于农产品领域。从形式上看，会员制与认领制、众筹制相同，都是消费者提前支付，农户根据订单确定种植农作物的品种；但从本质上看，会员制与认领制、众筹制之间还存在很大区别，那么，与其他模式相比，会员制有哪些优势呢？农户在什么样的情况下，采用哪一模式才能达到预期的目标呢？

通常来说，会员制以其专属、定制、独享的优势，适合农场或是订购农产品的经营模式，而众筹和认领的适用范围则相对来说较广一些。

++

农庄在经营过程中采用会员制，每个用户需要5万元的加入费，并且可获得价值5万元的农产品，还可以随时带着家人和朋友来农庄体验生活，这是会员享有的特权；而农产品的会员制，则需要用户预先支付1年的费用，农户每月为客户快递农副产品，这项业务只针对会员，非会员顾客无法享受这一服务。例如，蜂农采用会员制的经营模式，在收到会员的1年的付款后，每个月为客户快递1瓶蜂蜜，一年共12瓶，并且每个月快递不同口味的蜂蜜，包装也采用不同的风格和花样，为会员客户量身打造，贴身服务。

++

✂ 农产品的短板和优势

（1）农产品的短板

★季节性短

通常而言，水果、腊肠、腊肉等农产品的保质期短、季节性强，受季节和天气的影响较大，很容易腐烂变质。

++

例如，完成板鸭产业链上的各个环节，包括生产和销售等，总共只有3个月的时间，真正的热销时间只有短短的1个月，致使在板鸭的生产环节必须控制产量，以防出现货物积压、过期变质或者无法满足消费者需求等问题。

++

★受众人群窄

虽然特产是一个营销亮点，但除了水果之外的大多数特产只在当地有市场，由于饮食习惯和风俗的不同，当地居民很难接受其他口味的特产。例如，江西、广东人喜欢的板鸭，在浙江以及北方地区却很难有市场。

★利润低

目前，我国的农产品市场利润很低，一般低于20%，致使农民的生产、销售积极性很低。微信的营销模式是代理，而农产品的利润极低，根本无法支撑微信代理模式，只能依靠自己销售，而运费又增加了成本，不利于农产品的销售。

★运输成本高

一般来说，农产品尤其是水果的季节性以及保鲜期比较短，很容易受天气的影响，变质发霉，无法保障其在运输途中的质量。而如果要确保水果等农产品的品质，需要对包装、物流投入大量的资金，再加上农产品自身的利润不高，导致很多农户亏本。如果用提高农产品的价格来弥补亏损，客户的数量将会大大减少。

++

以蜂蜜为例，为了确保蜂蜜在运输的途中不发生侧漏、瓶子破损等状况，需要在包装上投入大量资金，使用气泡、加固等方式，而蜂蜜自身的利润很低，造成高成本、低利润的现状，加剧了蜂农经营的难度。

++

（2）农产品的优势

★资源短缺

特色农产品之所以能冠之“特色”二字，源于这种农副产品只在当地生产，而在其他地方则是稀缺产品，如云南产玛卡、赣州盛产脐橙、广东盛产荔枝、湖北随州产香菇等。因此，这些特色农产品就在非盛产地广受欢迎。

★受欢迎程度高

特色农产品具有强烈的地域性特征，因此除了在当地受欢迎之外，也深受全国各地消费者的喜爱，尤其是水果。

★适合讲故事

每个农产品的背后都有一个兴起发展的故事，可以是产品自身的故事，也可以是当地的文化或挖掘人的故事，这些故事的流传提高了产品的知名度与影响力。2011 年，褚橙依托其种植人褚时健的名气出现在大众面前，并深受消费者欢迎；随后，模仿褚橙的案例也都获得了一定的成功，证明了依靠故事来营销产品的方法可行。

★有地域文化

特色产品和农产品一样，都具有地域属性，而依托文化属性的营销更能从情感上打动消费者，引起他们的共鸣，从而刺激消费欲望。因此，农民在销售自己的农产品时，可以从文化和情感的角度去吸引消费者。

农特微商的五种营销策略

（1）打造品牌故事

大部分的农产品种植方式、口味都大体相同，而如何能让消费者在众多的农产品中选择自家的农产品，是一直困扰着微商的难题。微商在销售农产品时，要从情感上打动消费者，引起他们的共鸣。

2012 年，褚橙大卖，其热销很大程度上是因为种植人褚时健的励志故事，以及互联网的传播，人们在同情褚时健晚年的同时，也对他种植的褚橙产生了强烈的好奇心，虽然市场上脐橙价格一般为每斤 4 ～ 7 元，而褚橙的价格为每斤 15 ～ 16 元，但褚橙通过品牌人格化和故事营销，从情感上打动了消费者，占据了大部分的市场份额。褚橙的成功无疑证明了品牌故事在产品营销中的重要作用。

（2）提升产品的趣味性

在移动互联网时代，用户更容易被趣味性的东西吸引，尤其是微信的用户大多是“80后”“90后”，他们购买产品除了实用之外，还会关注是否具有趣味性。目前，很多营销者都抓住消费者的这一心理，将互联网与产品相融合，吸引消费者的注意力。

因此，微商在销售农产品时，经常会从产品的名称、包装、文案、推广等寻找能吸引消费者眼球的亮点，让产品营销深入人心，激发消费者的购买欲望。

那么，微商如何使自己所营销的产品吸引消费者的眼球，从而引起他们的共鸣，可以参考以下几点。

++

★品牌名：简洁好记，读起来朗朗上口，并与所营销的产品有关联，让消费者一看就知道卖的是什么产品，不能只追求华而不实的名字，如芒果可以叫好芒，蘑菇叫蘑蘑哒，玉米叫包谷包养，苹果叫十二个苹果，柚子叫李金柚等。

★包装：包装要美观大方，具有吸引力，让消费者在看了第一眼后就想购买，留下完美的第一印象。由于农产品的利润较低，因此在包装上要尽可能地节省成本，但必须美观、实用，具有趣味性。由于传统的包装不适合拍照，也不符合现代人审美要求，因此并不适合通过微信营销。因此，微商要在产品的包装上投入时间和精力，推出符合大众消费心理的包装设计。

★产品文案：微商主要是通过文字和图片去营销产品，因此，除了产品的包装要吸引人之外，还要配上具有吸引力的文字，产品的热销离不开文案和图片的配合。其中，文案起着介绍产品功能的作用。同样的产品，文案策划得好的那一款，必将比另一款产品的销量好。

★产品附件：相同功能的产品在市场竞争中取胜依靠的是产品附件，即在大体功能相近的情况下，通过附加的功能赢得消费者的青睐，从消费者的立场出发，进行创新研发。随着三只松鼠推出了产品体验服务之后，越来越多的产品开始竞相推出类似的服务。例如，柚子不容易开，商家可以为消费者附送一个开柚器，在低成本的前提下，提高了服务质量，让消费者满意。

★营销文案：产品的名字、包装、文案等工作已准备就绪后，剩下要做的就是销售了，但不是毫无策略的销售。营销文案的质量关系到产品的销量，有吸引力和趣味性的文案，更容易通过互联网传播，提高品牌的知名度和影响力，同时也更容易引起消费者的关注。

★其他：除了通过广告营销之外，还可以经常举办一些小游戏，吸引消费者的参与，可以在微信公众号、朋友圈里，也可以是线下举办。

++

通常而言，品质好的产品，消费者更愿意主动去传播，在无形之中成为产品的代言人。

（3）制造产品的爆点

当产品的前期准备工作都已做足之后，就要面向市场进行销售了。那么，如何让产品一上市就吸引所有人关注呢？各大朋友圈都充斥着关于产品的讨论呢？这时，就需要制造产品的爆点，可以是事件、产品或需求爆点，商家可以根据具体情况自行选择。当引爆了产品的爆点之后，销量的问题便得到解决。

 微商 2.0 时代，农特产品微商制胜未来的十大关键问题

2015 年是农产品微商全面爆发的年代，围绕食品展开的农业发展借助互联网平台开启了发展新模式，不仅依托互联网大数据、平台等资源，而且还逐步形成品牌化经营，拓展多渠道经营，充分利用微信、社群等平台。此外，新模式下要做到供应链扁平化，组建快物流网络，这是如今微商时代下需要面临的新模式。

农特产品做微商的过程中也面临着不少问题，为此，我对国内 400 多家农业基地的经营进行研究，总结出农特产品微商所普遍存在的 10 大问题，存在于微商角色定位、供应链、物流等多个方面，每一个问题都不可避免，需要打起精神来应对。

※ 热门产品选择

微商是农特产品拓宽新渠道的一种有效方式，每一家农特产品都希望通过这种“流行方式”来打开自家产品的销路，但问题在于并不是每一个产品都适合这一渠道。微商运营主要的核心在于热门产品，选对合适的产品是经营顺利的前提。微商营销存在其特殊性，单品的选择要注意产品能否以其特殊的方式讲述品牌故事，还要考虑物流、包装、冷链、晒单等多个细节，同时也要认真对待产品所精准对应的消费群。

大多数农特产品具有季节性的特点，因此要在全国建立一个数据库，筛选列出全年农特产品清单，而且单品需要适合微商运营。

✕ 标准化体系的建立

标准化问题是农特产品微商发展的关键，要想产品实现标准化，那么具体环节如卖价标准化、物流 SKU 化、包装的标准化、市场定位精确化就必须要一一做到位。

实施标准化的过程不仅仅在于关注其最后的成品和外观，种植过程的一系列因素都会对产品质量产生直接影响，如光照和水分会影响口感和色泽。再者物流过程的标准化也是极其重要的部分，运送或者包装不当会造成不必要的损耗。不同的产品包装方式不同，有的适合直接进行单品包装，有的则适合在分拨地进行再包装。

所以农特产品微商要建立标准化体系，必须在从生产基地到客户手中这期间的每一个环节都做到标准化。

✕ 品牌化经营

农特产品做微商，必须进行品牌化经营。因为微商所推销的不仅仅是产品，还有品牌。品牌背后的故事、品牌所带来的高品质生活的概念以及品牌带来健康等都是微商的经营重点，尤其是微商平台用户通常对健康生活、品味生活越来越重视。

农产品生产基地在种植方面积累了大量经验，但如何实现品牌化对大多数基地来说还是新的一课。真正的品牌化需要品牌理念、定位客户群、营销策略、产品质量等多方面独成一体综合发展，所以大多数基地目前还做不好这一步。

※独特营销策略

与化妆品不同，农产品的营销具有其特殊之处。化妆品可以通过美女展示来实现，换句话说化妆品在微商中的营销也可以称作“美女营销”。

但是这种营销方式也有一个明显的缺点，那就是日复一日相同产品的展示容易造成人们的视觉疲劳。但是农特产品不同，其季节性的特点可以在不同的季节推出应时的产品，而且产品的展出也就是在展示健康的生活，具有极大优势。

所以，农特产品营销是与化妆品营销有明显差异的。

※产品安全背书问题

食品与安全有些极为密切的联系，而农产品从种植到末端配送需，要经历一个相当长的过程，因此其中的安全就更要受到强有力的监管。那么监管如何实现呢？如何对产品质量背书？有的基地是一家企业，但有的也是多家企业共同依存，需要对地标性农产品共同背书。农产品做微商必须要解决这一问题。

如何提高产品的安全可信度？最可靠的方法就是依靠政府监管，引入政府背书。这样一来最终的监管不是企业，不是末端营销，更不是物流配送，可信度就会大大提升。

但现在很多政府对企业如何运营和发展了解不够透彻，他们大多把企业的发展交给互联网。而一家企业凭自己的能力可能无法推动品牌背书，在这种情况下就需要把产业链整合下的平台与企业、微商等联系起来共同与政府建立背书体系。

※供应链模式问题

农产品微商在供应模式上与农村电商本质上有着很大的区别，而且农产品

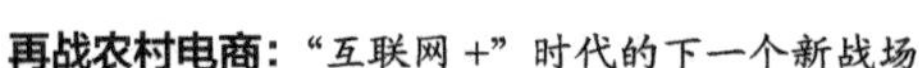

具有特殊性，与其他微商产品供应链模式也不同。例如，从库存方面说，化妆品完全可以实现用库存渠道进行代理，因为其可以囤存，但是农产品不能够囤存，其必须要使用C2B的供应链模式。这个模式的核心之一在于预售模式和供应链计划结合，对供应链的能力和经验是一个极大的考验。如果运行不当，就会造成两种结果，或者是基地产量大于订单，存货压力大，或者是基地产量小于订单，供不应求。

在农产品微商的领域，真正能做好农业、基地、物流之间供应链模式的品牌少之又少，因此可以说这是一个弱项。

※冷链多温运输体系

农产品本质的特殊性对于运送过程中温度有着极其苛刻的要求，农产品微商需要多温系统的支持，可以直到C端。但是现在国内能够直到C端的物流网只顺丰一家，其运营能力无法满足包括微商在内的多家互联网商业的要求，因此农产品微商直达C端需要一整套冷链多温完备的快物流标准化体系。

※产品加工问题

基地所生产的商品适于批量作业，很多产品都需要进行加工，但加工的方式不一样。例如，有的产品就可以在产地直接进行加工，然后做成单品进行输出，但有的产品就适合到了末端再进行加工。

在基地进行整体加工，固然有集中作业的优势，但是单品输出的物流成本必然会提高。而末端加工可能会降低物流成本，但是末端的效率、资源、专业性等方面未必能做得很好。

所以说加工问题仍旧是农产品微商的一大问题。

✂ 地标产品同类品牌竞争

如今地标产品同类品牌种类增多，竞争性也不断加大，如阳澄湖的大闸蟹、五常大米、赣南脐橙等。商品种类繁多，也难免存在良莠不齐的现象，品牌保护和产品之间的竞争会对用户对产品的信任度产生极大的影响。

在对品牌进行保护的同时避免恶性竞争，保证用户能够买到优质产品，这是微商经营所面临的一个重要问题。因为品牌一旦有了一定的名气，仿冒者就会纷至沓来，对品牌信誉产生不好影响，同时也会削弱品牌自身的竞争力。

✂ 渠道优化问题

以食品为中心的微商，也可以做到把人人打造成一个“自媒体”，但需要注意的是，在做微商的过程中要注意针对不同的人群进行准确定位，推送不同的商品。微商运营最致命的问题就是前期不管不顾地盲目推进，这样一旦从习惯上被用户所排斥，后期将很难进行补救。用户的体验出现缺陷，再加上万一出现食品安全的问题，那么对于后期微商的运作将是致命的打击。

目前，微商运营可以称得上是百花齐放，但是其中我们不得不注意到的是其质量也是参差不齐。如何打造体系完善的微商是所有微商人都在探索的问题。对于农产品微商来说，在保证产品性价比高、个性化、安全健康的同时，还要尽量使成本分配最优，不断优化渠道，使客户获得便捷的购买体验。基地产品能够通过渠道优化开辟出微商发展的一条途径，这是在做微商产业链的每一个

从业者都必须密切关注的问题。

农产品微商作为一种新模式，开始阶段必然会存在不少问题，但是与问题共存的则是商机。问题可以解决，但商机可遇而不可求。玩转农产品微商不是做好某一个单品就可以的，而需要从基地互联网化、品牌化经营、拓展多渠道、完善物流网络等多方面进行优化综合，形成一个多位一体的平台。在这背后需要有一个专业的运营团队和庞大稳定的资源提供有力支持。